HISTOIRE

DU

Village de Bucilly
& DE SON ABBAYE

PAR

ALFRED DESMASURES

HIRSON
IMPRIMERIE DU " NORD DE LA THIÉRACHE "
1892

LK 7
28587

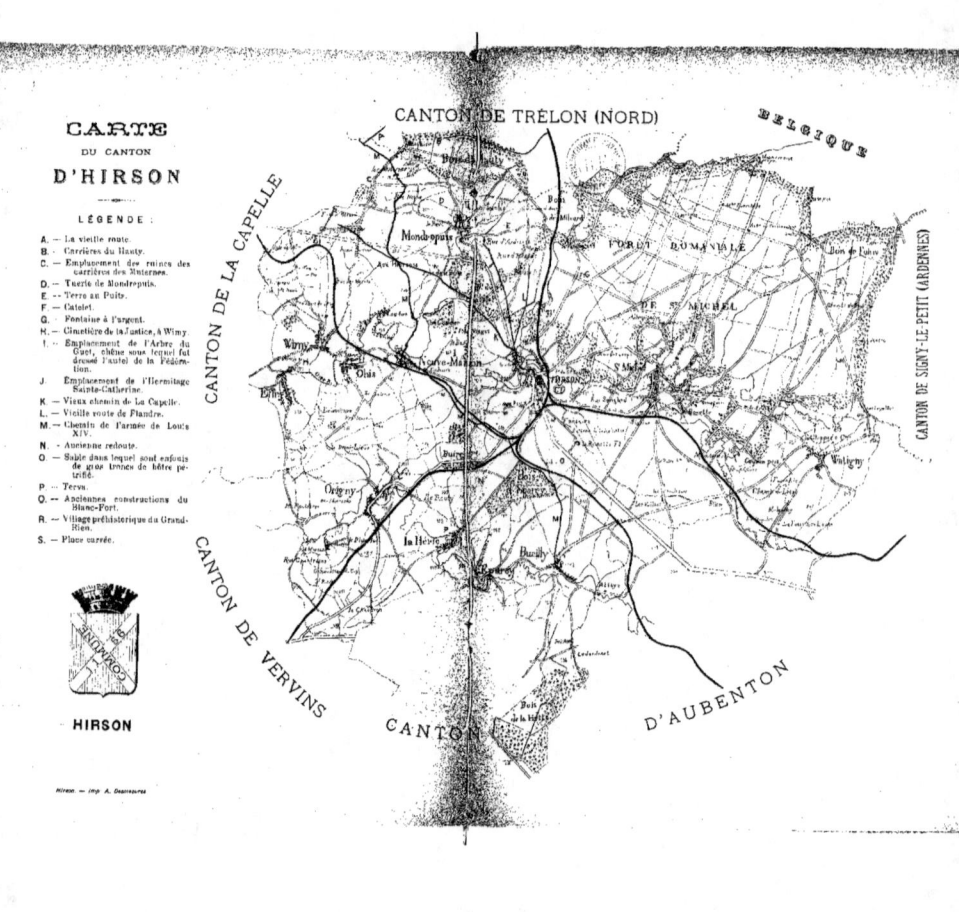

HISTOIRE

DU

Village de Bucilly

& DE SON ABBAYE

PAR

ALFRED DESMASURES

HIRSON
IMPRIMERIE DU " NORD DE LA THIÉRACHE "
1892

HISTOIRE
DU
VILLAGE DE BUCILLY
& DE SON ABBAYE

HAMEAUX ET LIEUX DITS DE BUCILLY

Bucilly, Bucileium, Bocileium.

Ce village semble devoir son nom à sa situation. Bu, butte Illy, côte La butte de la côte.

Le promontoire sur lequel Bucilly fut primitivement bâti est borné d'un côté par la vallée du Ton. de l'autre par un vallon abrité des vents du Nord. Les habitations couvrent le vallon et la rive du Ton. L'église est à la pointe du promontoire et domine le village.

Les anciennes voies aboutissaient à l'église. Elle était leur centre. La colline n'était pas contournée par la place où la mairie a été bâtie dans ces dernières années. Cette place n'était qu'un marais sur lequel peu à peu les habitations ont empiété.

Au sommet de la colline se trouve le lieu dit le Fort où les traces de défense ne sont pas encore effacées.

Les préhistoriques aimaient les sites comme Bucilly. Ils ont passé où fut établi le fort, un de leurs instruments en silex y a été découvert.

Ces premiers habitants de la terre ont eu pour descendants les Gallo-Romains, dont le cimetière bordait la colline au-dessus du moulin actuel. Un vase funéraire et une plaque de ceinturon y ont été mis à découvert, il y a peu d'années.

Le Plateau de Bucilly est élevé d'environ 30 mètres au-dessus de la vallée.

Bucilly forme un village de 381 habitants et d'une superficie de 1285 hectares.

Le territoire est long et étroit.

Il a pour hameaux :

1° *Le Petit Chêne-Bourdon* vers Landouzy.

2° *Bellevue*, nom dû à sa situation.

3° *Le Jardinet*, au sud.

4° *L'Abbaye*, formant ce qui reste de cette maison religieuse.

5° *La ferme du bois de la Hutte*.

Ces lieux dits sont vers Eparcy. *La Terroye*, argileuse et sablonneuse. On essaye de remplacer la culture des céréales qui laisse parfois à désirer, par des plantations de pommiers. C'est une excellente idée pour la partie de la Terroye qui est abritée des vents du Nord. En septembre on trouve des truffes sur la Terroye.

Les *Usages*, vers Hirson, n'étaient il y a un demi-siècle, couverts que de buissons de prunelliers, entre lesquels les bestiaux allaient pâturer.

Vers St-Michel est la *Minière*, autrefois exploitée pour les fourneaux des environs.

Le *Cimetière des Vaches* où ont dû être enterrées les vaches mortes des suites d'une épizootie.

Les partis suivaient les anciens chemins : l'un des plus fréquentés était le Chemin de l'Armée, appelé sur Bucilly Chemin des Bœufs. Auprès de ce chemin, à l'entrée du vallon de Bucilly, se trouve la Tuerie, dont le nom rappelle la des truction de partisans tombés dans une embuscade.

Les Echevins, les Carrières, les Haules la Roche, le Gué, les Bosquets, la mare aux Jars, sont des noms qui indiquent leur signification.

Le Fond Notre Dame, devait appartenir à une institution religieuse.

La terre aux Cochons, le Champ des Juments et le Riez des Anons, indiquent quels animaux les fréquentaient.

Le Paquis, à certains endroits le Pachis, rappellent des terrains endommagés par les pas des bestiaux.

Auprès du fort le *Courtil Tombois* peut indiquer une tombe. Le *Champ de l'Abbaye* ancienne propriété des religieux, de même le buisson des moines.

LE BOIS DE BEAUREPAIRE

La colline sur laquelle est situé ce bois a la forme d'un croissant qui borde la rivière du Ton a une élévation de 57 à 59 mètres.

L'abbaye et ses dépendances se trouvaient dans la vallée en face de cette colline boisée, dont elle était séparée par la rivière. De ce côté le bord de la colline est presqu'à pic. Cette colline était séparée de la plaine par une tranchée d'environ cinq mètres de large et de deux à trois mètres de profondeur.

Cette tranchée commence au sud-ouest auprès de la rivière. Elle a environ 500 mètres de longueur où, après être arrivée sur la colline, elle finit dans un vallon au sud-est, à peu près au même niveau que la vallée du Ton.

Ce retranchement, aux deux extrémités du croissant qui sont aussi les parties les moins élevées, ne protégeait qu'une bande de quelques mètres sur les bords de la colline. Au centre et tout à fait sur le faîte formant un plateau élevé, la largeur de l'espace protégé est d'environ cent mètres.

On voit que ce retranchement a eu pour but de protéger ce bord de la colline, car les terres du fossé en sont rejetées à l'intérieur où elles forment encore un rebord.

Le centre du plateau du bois de Beaurepaire a-t-il été l'emplacement d'un château de la comtesse de Vermandois ? C'est possible. Il semble avoir servi à abriter une population qui s'y était retranchée. Des médailles romaines y auraient été découvertes; il est à peu de distance du cimetière gallo-mérovingien dont il a été parlé. Malgré sa forme qui n'est pas celle des Câtelets, mais qui s'en rapproche, il semble avoir été une position préhistorique de défense qui a eu son importance.

Un historien du pays, M. Martin, qui aussi a visité ce bois, écrivait ce qui suit à son sujet :

« Les retranchements, encore imposants malgré leur vétusté, sont évidemment antérieurs aux premières constructions de l'abbaye, et n'ont pu appartenir qu'à un lieu de défense, qu'à une enceinte militaire. Cet emplacement fut probablement un lieu de refuge des populations du pays pendant l'invasion des Gaules, ou bien peut être un poste occupé par les armées romaines. Plusieurs monnaies des empereurs Aurélien et Antonin-le-Pieux, trouvées au pied des retranchement, viennent donner quelque poids à cette supposition. »

Dom Lelong dit dans son Histoire du diocèse de Laon que l'emplacement de l'abbaye devait être considérable puisque le bois de Beaurepaire devait être renfermé dans l'enceinte des murs Cela indiquerait que les murs du retranchement du bois de Beaurepaire existaient encore à une époque rapprochée.

La partie protégée du bois de Beaurepaire est d'environ un hectare et demi.

Le nom de Beaurepaire lui était bien donné. L'eau coule au pied de l'escarpement boisé. Ce sommet et cette bordure de colline ont une végétation luxuriante. A travers les frais ombrages on voit la verte prairie : sur les pentes des collines, les champs fertiles et les hameaux dont les arbres fruitiers font de chaque habitation d'agréables retraites.

Le Cerisier. Ordinairement sur chaque canton se trouvaient de gros cerisiers pour les ouvriers des champs. L'intérêt personnel n'avait pas encore atteint le degré actuel.

Les *Longues Royes* et les *Tortues* indiquent la forme des parcelles de terrain.

La *Fontaine Rouge*, excellente source d'eau des plus ferrugineuses qui pourrait être exploitée avec succès.

La *Terre brûlée*, la *Faudre*, sont des endroits où l'on confectionnait du charbon de bois.

Le *gros Faux* rappelle le lieu où se trouvait un arbre de guet.

La *Tuilerie*, à l'ouest de Bucilly, où était établi une petite usine en ce genre.

La *Fontaine à l'érable*. L'érable lorsqu'il atteignait une certaine grosseur était recherché par sa rareté.

Le *Gouffre* rappelle une fosse profonde ou un endroit où l'eau disparaissait dans le sol.

Le *Grand Radde* est un grand radier ; un grand fossé.

L'*épine* était un arbre borne.

Les *Wattines des Huguenots*. L'intolérance était tellement grande que les bestiaux des cultes différents n'allaient pas dans les mêmes Wattines. Les Wattines étaient des terrains vagues.

La *Culée du bois*. On appelait la culée ou *Reculée* toute portion de terre avançant dans les bois.

Le *Bois de la Hutte*, dans lequel on a découvert des haches en silex et des urnes gallo-romaines.

Dans les premiers jours d'avril 1861, des ouvriers occupés au bois de La Hutte (Bucilly), tombèrent tout à coup sur un emplacement rempli de débris de constructions, parmi lesquels se trouvaient des débris de meules à bras, de grandes tuiles à rebord et de poterie, ainsi que des fragments de bronze, leur épaisseur fait supposer que ce sont des parties de cuirasse d'une statue. Un de ces fragments consiste en un génie ailé qui mesure 17 centimètres du chignon à la plante des pieds.

A quelques pas de ces antiques constructions, on a fait la même année une autre découverte : c'est celle d'un fragment de bronze, d'une statuette ailée qui tenait à la main un sceptre ou une épée dont on ne voit plus que l'extrémité inférieure.

L'ornementation architecturale du relief aussi en bronze, sur lequel est appliqué ce personnage, porte à croire que ce débris de l'art antique servait à orner, sinon un monument, du moins une habitation plus opulente que celles où se trouvaient les meules et les vases dont nous venons de parler, et prouve que le luxe de Rome avait pénétré jusque-là.

CHAPITRE Ier

I. — FONDATION D'UNE ABBAYE A BUCILLY.

Le village de Bucilly paraît avoir formé une agglomération d'habitants, longtemps avant la fondation de l'abbaye.

Cette maison religieuse fut fondée vers la fin du dixième siècle par Gertrude, femme d'Eilbert, l'un des comtes de Vermandois.

Gertrude aurait tracé elle-même le plan de l'abbaye, près de son château, sur la rivière du Ton Elle éleva une église qu'elle fit consacrer sous l'invocation de Saint-Pierre, et quand les bâtiments du monastère furent en état de recevoir une communauté elle y réunit un certain nombre de filles qui embrassèrent la vie régulière, et leur donna pour les gouverner une supérieure avec le titre d'abbesse. On appela cette abbaye de Bucilly, ou Saint-Pierre-du-Mont-de-Bucilly, quoiqu'elle soit située dans la prairie. Le château était probablement sur la hauteur qui domine le village ; mais les cours et les bâtiments du seigneur s'étendaient dans la vallée et resserraient apparemment l'enceinte du nouveau monastère, car le comte Eilbert fit don de son château aux religieuses qui s'en servirent pour étendre leur moustier et augmenter leur église.

Eilbert assura l'avenir de la nouvelle abbaye par une donation dont la charte ci-après fut renouve'ée en 1120 par l'évêque de Laon, Barthélemy :

« Barthélemi, évêque de Laon, déclare avoir vu et conserver par son sceau, après lecture faite en présence de témoins, la charte par laquelle Eilbert, comte de Vermandois, fondateur de l'abbaye de Bucilly, et sa femme Gertrude, ont, pour le repos de leurs âmes et celles de leurs ancêtres, fondé l'église du Vieux Bucilly (1) dans leur aleu sous le vocable de Saint-Pierre et de Saint-Paul en y établissant des religieuses : donnant tout l'aleu de Bucilly, l'aleu de Harcignies, l'aleu d'Effris, l'aleu de Bruyères, l'aleu de Leheric. d'Angoziis (?) et de Lentis avec toutes leurs dépendances, droits, justices et coutumes ; la moitié du bois dit *de Communione*, la moitié du territoire de Martigny, le moulin sis sur l'Oise avec Neuve-Maison. Mais comme la plus grande partie de ces terres était couverte de broussailles ou stérile, et ne pouvant par conséquent suffire à la subsistance des religieuses, ledit comte donna à cet effet le territoire entier du village de Courbes, le quart de Hermonville, qui appartenaient précédemment à l'église de St-Quentin en Vermandois, laquelle reçut en échange une croix d'or enrichie de pierres précieuses, laquelle est demeurée en ladite église sous le nom de Croix de Bucilly. En outre le comte donna tous les serfs et serves lui appartenant dans les susdites localités, ne réservant aucun droit pour le présent et l'avenir et les affranchissant de toutes redevances à son égard ; plaçant enfin l'abbaye à l'avenir sous sa garde « sub custodia sua et successorum suorum materiali gladio defendendam, ut capellam propriam retinuit. » — Ledit vidimus donné sous le sceau dudit évêque : fait à Laon l'an 1120. »

Louis d'Outremer ayant tenté d'exercer le pouvoir souverain par lui-même, effraya les puissants seigneurs qui se considéraient comme indépendants. En 938, ces seigneurs parmi lesquels était Herbert, comte du Vermandois, tentèrent de s'emparer de la ville de Laon qui était alors la capitale du royaume. Leur armée venait du Rémois où elle s'était concentrée. Les seigneurs en passant, s'étaient emparés du château de Pierrepont qui commandait la seule voie qui traversait les marais de la Souche.

Ce fut probablement au comte de Vermandois que l'abbaye dut les possessions qu'elle avait dans les environs de Pierrepont et particulièrement à Cuirieux qui en est peu éloigné.

Le châtelain de Pierrepont, Ingobrand, eut un fils nommé Roger qui tenta vainement de prendre pour épouse Ermengarde de Montaigu qui possédait en Montaigu l'un des premiers châteaux-forts du pays. Thomas de Marle, l'un des seigneurs les plus barbares de l'époque, épousa, semble-t-il, de force, la châtelaine de Montaigu.

Thomas de Marle était la terreur de tous, des gens du peuple comme des membres du clergé.

Pendant son absence, le clergé se hâta de prononcer la dissolution de son mariage avec Ermengarde de Montaigu sous prétexte de parenté, retirant ainsi à Thomas de Marle tout prétexte pour occuper le château de Montaigu.

Quand Thomas voulut rentrer dans cette forteresse, elle était occupée par Roger de Pierrepont, son ancien rival, remarié à Ermengarde.

Ce fut entre les deux seigneurs, de part et d'autre, une lutte à mort, ils parcouraient les terres l'un de l'autre, le fer et le feu à la main, détruisant les récoltes et mettant à mort leurs malheureux serfs.

Ermengarde ne paraît pas avoir eu d'enfants de Thomas de Marle. Elle en eut six de Roger de Pierrepont. Quatre ans avant que Roger ne se retira à St-Martin de Laon pour s'y livrer à la méditation et à la prière, laissant Ermengarde à la tête sa famille, il fit l'accord suivant avec Bucilly.

---

(1) Lorsque le monastère fut fondé, il semble qu'il existait déjà des habitations auprès de son emplacement.

Cet accord indique par sa date de 1113 que les possessions de l'abbaye de Bucilly étaient bien antérieures à la charte renouvelée en 1120. Voici l'accord :

« L'évêque de Laon, Barthélemy, fait savoir que Ingobrand, seigneur de Pierrepont, avait usurpé l'avouerie des hommes de l'abbaye habitant le territoire de Pierrepont, qu'aucun de ses ancêtres n'avait possédée. Mais qu'après lui l'abbaye l'avait concédée à Roger, son fils, « tum propter ipsorum indignam rusticorum repugnationem, quam propter nobilium circum manentium nimiam ergafaritatem, » sans que pour cela l'avoué puisse poursuivre au-delà du territoire de Pierrepont. Mais l'aleu de Cuirieux donné jadis par Elbert, comte de Vermandois, fondateur de l'abbaye, demeurera en dehors de l'avouerie. L'avoué abandonne tout droit de vinage, tonlieu, etc., sur ses terres. Enfin Marc, seigneur de Vouele, ainsi que le faisaient ses prédécesseurs, obtint que l'abbaye accepterait les corvées des habitants des Cuirieux à condition que les hommes du courtil des religieux de Cuirieux et ceux du village jouiraient des pâturages de Vouele. Signes de Barthélemy, évêque, qui fit écrire cet acte; de Guy, doyen et archidiacre; Raoul, archidiacre ; Bliard, chantre ; Robert, doyen de Saint-Jean ; Geoffroy, chantre ; Charembaud de Rozoy ; Elbert, vidame ; Nicolas, châtelain ; Bliard de Erceri (1), Marc de Vouele, Odo de Abbati, Barthélemi de Bosmont, Roger de Bolonia. — A Laon, 1113, Roger, chancelier de N. D. de Laon.

Les religieuses de Bucilly paraissent ne pas avoir longtemps habité cette maison religieuse. On n'en connaît qu'une seule abbesse Ledwide, inscrite au 17 des calendes de septembre dans l'obituaire de Saint-Pierre de Reims.

Dom Lelong renonçant à découvrir la cause certaine de la disparition des religieuses de Bucilly, avance l'opinion qu'elles se seraient retirées comme Bénédictines à Fontaine, dans des fermes de l'abbaye de Saint-Michel distante de moins d'une lieue, et se seraient mises sous la direction d'un moine de cette maison, mais cette explication, très douteuse, ne suffit pas pour fixer le lecteur sur la cause première d'une pareille détermination.

Cependant les noms de certains lieux dits de Fontaine et de ses environs, indiquent qu'ils ont été la propriété ou le lieu d'habitation de religieuses.

Les religieuses de Bucilly auraient eu comme premier directeur Saint Cadroë, qui délivra une jeune fille du démon. *Elles le chérissaient comme leur père* et ce saint ne leur était pas moins attaché Ces religieuses étaient soumises à l'ordre de St-Benoît. Dans l'ancienne église on voyait peintes aux voûtes des images de saints et de saintes de cet ordre.

L'abbaye de Bucilly fut, au XIIe siècle, donnée par Raoul comte de Vermandois à St-Martin des Champs, ordre de Cluny.

Lorsque l'évêque Barthélemy, en 1120, renouvela la charte de fondation, son intention était d'y introduire des chanoines de Prémontré, institution nouvelle qui avait toute sa prédilection.

Barthélemy réalisa son projet en 1147 et en 1148, il fit à la maison de Bucilly de grandes libéralités par la charte suivante :

« Barthélemi, évêque de Laon, confirme Persicus, abbé, en la possession des églises du monastère de Saint-Pierre de Bucilly, où étaient auparavant des religieuses, et qui est actuellement sous la règle de Saint-Augustin, de l'ordre de Prémontré, plaçant sous sa direction les prêtres chargés des autels concédés à ladite abbaye et l'autorisant à posséder tranquillement les biens présents et futurs qui échoiraient à ladite église de Bucilly, à savoir les églises de Bucilly, Effry, Cuirieux, Harcigny, avec les villages et leurs dépendances : « que nimirum ville lege et consuetudine Buciliensis ville tractantur; ex judicio maioris Buciliensis

---

(1) Aujourd'hui Saint-Erme.

seniorum et saniorum Buciliensum, si de jure ecclesie dissens!erint in camera abbatis apud Bucilleium judicabuntur. » — L'autel de Neuve-Maison avec la dîme et la dot ; l'aleu donné par Adam de Hirson, où il retint seulement le tiers *de commisso quin est advocatus advocabitur* la moitié du territoire dit *de Communione* (la commune) avec la dîme de tout le territoire ; l'autel de Bruyères avec la dîme entière et le territoire ; l'autel de Ohis avec sa dot ; l'autel de Buires avec sa dot et la terre donnée par Fulque Leurinus de Laheri, le territoire et la dîme ; l'autel de Geny, avec la dot et ses dépendances ; l'autel de Martigny, moitié du territoire et des revenus, « absque casa ecclesie. » Le moulin de *Fossa* ; l'aleu de Lugny ; des prés et des terres à Any ; des prés, terres et bois à Balbinies ; le quart du territoire de *Blicis*, en dîmes et terrages ; deux charrues de terre avec des prés et toute la *Missana Vallis* ; un muid d'avoine sur l'église de S. Michel avec un pré et une charrue de terre ; à Froidmont les champs dits près Saint Pierre avec le bois ; à Agnicourt, quelques champs ; l'autel de Luzoir avec la dot ; à Neuve-Maison le moulin sur l'Oise ; « ab unaquaque domo de duabus decanus que stat inter rasia obolatam cere ecclesie singulis annis persolvendam quam pie memorie predecessores nostri Adalberon, Leotericus et Elinandus eidem ecclesie confirmaverunt ; » la dîme de Aubigny avec le tiers du terrage. — Signes de Gautier, doyen ; Hugues, abbé de Prémontré et d'autres. A Laon solennellement, l'an 1143. »

1155. — Guillebert abbé de Foigny, et Jean abbé de Bucilly, conclurent un échange de diverses terres sises entre l'aqueduc et le jardin de la Grange d'Eparcy, contenant une trentaine de verges, contre des terres joignant le pré des *Doigts* (Digitorum) au terroir de Bucilly.

1162. — Jean conteste avec Thenailles. Il échange Ully et Geny pour les autels de Signy-le-Petit et de Gland et abdique en 1163.

1166 1167. — Abbé Guillaume, chanoine de Braine.

L'abbaye de Foigny possédait déjà le vaste terroir d'Eparcy qu'elle faisait valoir.

Jean était encore abbé de Bucilly en 1160 comme le prouve un acte passé dans le chapitre de Saint-Michel en sa présence et en celle de Gauthier, évêque de Laon.

1171. — Louis, abbé de Bucilly, appose son sceau sur une charte concernant Buire et Hirson.

1176. — Guillaume II signe dans une charte.

1183. — Godescale, abbé de Bucilly, passe à Bonne-Espérance.

1187 à 1192. — Pierre, abbé de Bucilly. Jacques d'Avesnes en partant pour Outre-Mer lui accorde les droits de vinage et de tonnelieu sur Guise, Landrecies et Leschelles En 1189, l'évêque de Laon nomma une commission composée de plusieurs abbés, afin de régler un différent qui s'était élevé entre Bucilly et Saint-Michel, au sujet de la terre de Blicy.

1192. — L'abbaye de Saint-Michel semble avoir toujours eu la prépondérance sur celle de Bucilly. Le vaste terroir qui se trouve entre les deux maisons religieuses fut souvent entre elles une source de contestations ; pour y mettre un terme, l'accord suivant eu lieu en 1192 :

« A la suite de discussions survenues entre les églises de Saint Michel et de Bucilly au sujet du territoire de Blicy, Jean, doyen de Marle, et Hugues, curé d'Etréaupont, sont choisis pour arbitres avec approbation de l'évêque ; les parties s'engagent à accepter leur décision sous peine d'une amende de cent livres de bonne monnaie pour celle qui s'y refuserait. Les experts après une enquête sérieuse et après avoir consulté des hommes prudents (*consilio prudentum virorum*) rendent le jugement suivant : Chaque monastère aura sur le territoire de Blicy son domaine (*demenia*) propre, en prés et terres cultivées, mais la part de Saint-Michel sera des deux tiers et celle de Bucilly d'un tiers, ni plus ni moins ; si l'une des deux églises avait plus qu'il n'est indiqué, elle rendra à l'autre deux deniers de cens par chaque faulx de pré qu'elle aura en plus. — Les deux églises jouiront des dimes de la manière dont elles en jouissent aujourd'hui. Les travailleurs sur le territoire de Blicy devront demeurer sur les terres qu'ils cultivent. A l'égard des bois, cens et autres revenus restés indivis entre les deux églises, Saint-Michel en aura deux parts et Bucilly une. — Fait l'an 1192. »

1193. — Walter, abbé de Bucilly, signe une charte concernant Mondrepuis. Mort en 1195.

1195. — L'abbé Guillebert de Foigny fait un échange de parcelles de terre à Eparcy et Bucilly avec un nouvel abbé de Bucilly encore nommé Jean.

1195. — Jean II succède à Walter. L'année suivante, il reçoit d'Aélide, dame de Guise, un cens de trente sous en l'intention de son mari mort en Terre-Sainte. La même année, il reçoit de l'évêque de Laon les cures de Cuirieux et de Buire.

1196, mars — Roger, évêque de Laon, déclare qu'Arnoult de *Atrio* et Haymard, *mayeur de Bucilly*, et certains autres hommes avaient accepté de l'abbaye certaines terres pour cultiver, à titre perpétuel, et que soit vente, soit aumône, ils ont tout remis à l'abbaye par la main du prélat ; de plus que Robert d'Hirson et Gobert, son frère, ont donné un pré de 4 chars sis entre Estrées, Etréaupont et Foigny. Cette charte indique que Bucilly existait déjà comme commune, que le mayeur et d'autres habitants de Bucilly étaient partiellement les locataires de l'abbaye. La possession de la terre par *parcelles* et sa location existaient déjà comme aujourd'hui Par rapport à la propriété en général, les droits féodaux et communaux ont été remplacés par les contributions directes, indirectes et les octrois

CHAPITRE II

BUCILLY AU XIIIᵉ SIÈCLE

On voit par les nombreuses chartes concernant les immenses possessions des abbayes de la Thiérache que le XIIIᵉ siècle fut pour elles l'ère la plus florissante, celle pendant laquelle elles élevèrent le plus de leurs belles constructions et où leurs immenses domaines furent le mieux aménagés.

1200. — Guidon fait avec le couvent de Saint-Remy, de Reims, une convention dans le but de resserrer les liens de fraternité qui les unissaient et d'établir entre les deux monastères une communauté de prières.

Entre 1210 et 1220, *Ibertus*, abbé de Bucilly, déclare que par convention expresse faite entre son abbaye et celle de Saint-Michel, Bucilly ne doit à l'église de Saint-Michel, pour les dîmes et tout ce qui lui appartient sur les territoires de La Hérie, d'Angozie et de Lenty, qu'un trécens annuel payable au jour de la St-André et consistant en un demi-muid de froment, du meilleur après celui de semence, à la mesure de Bucilly.

1214. — Hatton, dit abbé de Thenailles, déclare l'accord intervenu au sujet d'un *rescum* sis entre les courtils de Gilonsart et de Landouzy, entre les abbayes de Foigny et de Bucilly, représentées par les abbés Raoul et Wibert, ensuite de l'arbitrage du dit abbé Hatton, lequel l'adjugea à l'abbaye de Bucilly.

Il est question ici de Landouzy-la-Cour et de la ferme de Gironsart sur le territoire d'Harcigny. L'abbaye de Thenailles était à une faible distance de ces deux endroits.

1216. — A côté de Signy-le-Grand qui aurait occupé la hauteur du côté d'Any et qui aurait été brûlé, d'après Froissart, en 1340, s'élevait en 1216 une simple ferme appartenant à l'abbaye de Bucilly, ferme nommée Signy-le-Petit. Cette ferme, par les soins de Nicolas, seigneur de Rumigny, devenait un village en 1217.

Les donations faites aux maisons religieuses soulevaient parfois des protestations. Vers cette époque, l'abbaye et Roger de Rozoy, convinrent pour mettre fin aux querelles soulevées entre la dite abbaye et Asson de Dagny et ses fils au sujet d'une terre donnée à elle (l'abbaye) par Richard et Masselin, qu'ils les leur laisseraient, chacun pour sa part respective, sous un cens annuel de 2 sols, sans qu'on ne puisse rien aliéner sauf au profit du monastère. Signes de Lambert, prieur, Roger et autres.

1220. — Mort de l'abbé Wibert.

1224 — Hatton et Arnould, abbés de Thenailles et de Bucilly, déclarent que Eustache. curé d'Aegnies a renoncé à ses réclamations contre Foigny, sur la dîme de défrichement de Jean de Housset, chevalier, au territoire d'Aegnies.

12... — G..., abbé de Bucilly, déclare que pour mettre fin au désaccord qui existe entre son monastère et celui de Saint-Michel au sujet du partage du domaine de Blicy, lui et huit personnes : Hugues, Robert, Alard, Richard, Arnould, Haimard et Wautier, qui après avoir prêté serment opéreront la division de la propriété. L'abbé et le couvent s'en rapporteront à leur décision.

1225. — Arnould, abbé de Bucilly, et son couvent, font savoir que d'un commun accord avec l'abbé et le couvent de Saint-Michel, ils ont désigné les vénérables Jacob de Dinant, chanoine de Laon, Thomas, curé de Sissonne, et Jean, chapelain de Martigny, pour décider à laquelle des deux églises appartiendront les novales du quartier de Saint Nicaise et les dîmes du district de Willaume Bonesuer et du quartier de la Nouvelle Cour de Blicy (*Neurecour*), qui est du fonds de Bucilly. Les arbitres prêteront serment, l'enquête se fera sur les pièces produites par les deux abbayes et par l'addition de vingt témoins, dix pour chaque maison. Les parties s'engagent à observer inviolablement la décision qui sera rendue, sous peine d'une amende de cent livres parisis. — Fait l'an 1225, au mois de mars.

1226. — Jacob de Dinant, chanoine de la cathédrale de Laon, autorisé par l'évêque, rend le jugement suivant : L'abbaye de Saint-Michel et de Bucilly partageront par parties égales les dîmes des novales du quartier de Saint-Nicaise, sauf la poursuite de celle dont les habitants cultivent les terres (*salva prosecutione illius cujus parrochiani terram excolent*). Les dîmes du quartier de la Nouvelle-Cour de Blicy, sauf aussi la poursuite de ceux qui cultivent leurs terres, appartiendront à Bucilly, ainsi que les dîmes du canton de Willaume Bonesuer Le dit Willaume Bonesuer, sa famille et ceux qui dans l'avenir habiteront sa maison, devront aller à l'église de Bucilly le jour de Noël, à l'Ascension, à la Pentecôte, à la Nativité de Saint-Pierre et à la Toussaint, parce que le fonds sur lequel ils sont établis appartient à la dite église Les autres jours de l'année ils fréquenteront l'église de Saint-Michel qui est plus à leur proximité et y acquitteront les droits de paroisse. — Fait l'an 1226, au mois de juin.

1228. — Arnould, abbé signe un échange de terre à Buire.

1230. — Le village de Besmont (Beaumont), bâti sur une colline qu'arrose un ruisseau qui vient se jeter dans le Ton auprès de Bucilly, avait, dès 1181, une église dont la maison fut l'objet de contestations entre le seigneur Nicolas de Rumigny et l'abbaye de Bucilly. Il fut décidé que ce seigneur conserverait cette maison et les terrages qu'elle avait sur Martigny. Par une charte de 1192, l'abbaye de Bucilly et Nicolas de Rumigny, après avoir rappelé la chapelle fondée par cette abbaye sur le terroir de Besmont, en l'honneur de sainte Marie, étaient convenus que, si un village venait à y être construit (*casu aliquo*) l'église de Bucilly en posséderait l'autel et toute la dîme, sauf le droit du prêtre. Il paraît que le cas prévu par cette charte de la construction d'un village n'avait pas tardé à se réaliser, et il est permis de supposer que ce village avait reçu, comme tous ceux qu'on bâtissait alors, les franchises communales ; car il s'était peuplé rapidement, et la chapelle, fondée dans le principe, (*in novitate villæ*) par l'abbaye de Bucilly, étant devenue insuffisante, le frère Richer, qui en était curé, en demandait une autre plus digne et plus convenable à la célébration du saint sacrifice. La commune de Besmont et les religieux de Bucilly se refusant à cette dépense dont ils se renvoyaient réciproquement la charge.

L'abbé de Bonnefontaine, de concert avec le curé de Bancigny, rendent en 1230 une sentence arbitrale par laquelle la commune fut condamnée à construire une église convenable sauf aux religieux à la réparer quand il en serait besoin.

1235. — Charte de Nicolas de Rumigny par laquelle il déclare qu'Arnould de Beaumé, Ade, sa femme et ses héritiers, ont, en sa présence, transféré aux religieux de Bucilly, la part des dîmes de Buirefontaine qu'ils tenaient de lui en fief. Dans cette part une portion est donnée en aumône, une autre est vendue à prix d'argent. Nicolas approuve cet acte au mois d'avril 1235.

1236. — Ponchard, abbé de Bucilly, et tout le couvent du lieu, déclarent que d'un commun accord ils ont abandonné aux religieux de Saint-Michel, tous les droits qu'ils pouvaient avoir sur les grosses et menues dîmes de Buirefontaine, qu'ils avaient achetées d'Arnould de Beaumé et de sa femme. Cette vente a été faite moyennant la somme de 70 livres parisis avec l'assentiment de Nicolas de Rumigny de qui provenait la dîme. — L'an 1236, au mois de juin.

Burefontaine, endroit où on lavait le linge, est un hameau dont le nom a été changé en celui de Buirefontaine. D'après le terrier de 1612 de la ville d'Aubenton dont Buirefontaine dépend, l'abbaye de Bonnefontaine (Ardennes), possédait un seizième de la dîme de ce hameau.

1260. — Jean, chanoine de Bucilly signe un accord concernant des communes environnantes, accord inséré dans l'Histoire de la ville d'Hirson.

1237. — Des contestations ayant eu lieu entre les abbayes de Liessies et de Bucilly au sujet des droits à percevoir sur Mondrepuis. Un accord eut lieu en cette année.

1240. — Bliard, abbé, jette les fondements du cloître. En 1240, il renouvelle la paix entre Saint-Michel et Bucilly. En 1245, il obtient que la chapelle de Martigny serait desservie par un moine de sa maison. Au mois de février 1247, il fait la paix avec l'abbé de Foigny. En 1252, l'évêque de Laon lui donne les autels de Luzoir et d'Effry. Enguerrand de Rumigny lui accorde le droit de prendre dans sa forêt les bois nécessaires aux constructions de Signy et de la chapelle de Gland. Bliard meurt en 1264, après avoir gouverné Bucilly pendant vingt six ans et deux mois. Il fut enterré au milieu du chapitre, où on lisait cette inscription sur sa tombe :

Hic dominus Bliardus, abbas hujus loci,
Auctor domûs hujus et œdificator,
Mensibus hanc binis sex annis atque vigenti,
Ecclesiam rexit.

1245. — Bucilly avait des possessions jusque dans les environs de Marle. Clément de Saint-Germain, chanoine official de Laon, déclare en juillet 1245 qu'Isabelle, veuve de Robert de Saint-Gobert, bourgeois de Marle, a reconnu que la terre qu'elle tenait à *Vianna* (Voyenne) devait les terrages à l'abbaye et a payé les arrérages dus. La seigneurerie de ce village appartenait à Saint-Jean de Laon.

1247, février. — Bliard, abbé de Bucilly, au sujet des discordes existant entre les serviteurs et hommes de Bucilly et l'abbaye de Foigny et leurs serviteurs au sujet d'empiètements de ceux-là sur les prés appartenant à Foigny, au territoire d'Eparcy, donnés par feue Félicité, femme d'Egide de *Rupe forti*, chevalier, consent à un arrangement amiable entre les terres des deux monastères.

1247. — On a vu que Bucilly avait pour ainsi dire abandonné les droits qu'elle avait à Dagny où primaient Saint-Michel et Bonne-Espérance. Des difficultés étant survenues entre ces deux abbayes au sujet des dîmes du terroir de ce village, des revenus de l'autel, des prés remis en culture, etc., furent réglés par les abbés de Thenailles et de Bucilly choisis comme arbitres. Leur jugement fut rendu à Clairfontaine, la veille de Saint-Nicolas.

1247. — Un procès s'était élevé en 1239, entre le couvent de Saint-Michel et André de La Place au sujet d'un moulin situé près de l'abbaye. Ce procès avait été réglé par l'intervention du bailly d'Avesnes. Il se ranima de nouveau peu d'années après. André de La Place, Ermangarde sa femme, Polliart et Colin leurs fils, les femmes et les enfants de ces derniers, se prétendirent lésés par la décision du bailly d'Avesnes et réclamèrent une nouvelle indemnité; le frère Jean, procureur de la maison, qui représentait les moines comme chargé de leurs intérêts, refusait de reconnaitre les droits des réclamants sur le moulin et disait que s'ils en avaient eus, ils les avaient abandonnés et y avaient renoncé devant le bailly d'Avesnes, et il produisait les lettres écrites à ce sujet. André de La Place et les siens répondaient qu'ils avaient eu la main forcée que le bailly d'Avesnes avait employé vis-à-vis d'eux la force et la violence (*per vim et violentiam*) et que lui-même, André de La Place, avait été à cette occasion emprisonné dans le château d'Hirson et en d'autres lieux. Enfin après de nombreuses altercations (*post multas altercationes*), les parties, c'est-à-dire Jean, procureur du couvent, au nom des religieux d'un côté, André de La Place et sa famille, de l'autre, résolurent de remettre l'affaire à l'arbitrage de deux experts, s'engageant réciproquement par serment à se soumettre à une amende de 100 livres parisis s'ils refusaient de se conformer à leur décision.

Les deux experts choisis furent le frère Jean, religieux prémontré de Bucilly, et Me Thomas, curé de Sissonnes. Après avoir examiné l'affaire et pris le conseil d'honnêtes gens (*bonorum virorum consilio*), ils rendirent le jugement suivant : L'église de Saint-Michel possédera dès aujourd'hui et à toujours le moulin en question dans toutes ses parties et dépendances partout où elles seront situées. André *de Platea*, Ermangarde, Poliard, Collin, Marie et leurs héritiers n'y auront plus aucun droit et ne pourront plus désormais inquiéter l'abbaye à son sujet. Mais pour les indemniser du dommage qu'ils ont pu éprouver et même du droit qu'ils avaient ou pouvaient avoir, et aussi par amour pour la paix, l'église de Saint-Michel, sur la prière des experts, consent à leur donner une somme de trente-sept livres parisis qui leur a été délivrée en argent comptant (*in pecunia numerata*).

L'église leur pardonne aussi, ainsi qu'à ceux qui les ont aidés, savoir : Jehan Genblues et Colin *le forgeron*, et cela autant qu'il est en elle, tous les torts et dommages qu'ils lui ont occasionnés, à la condition pourtant que les dits André, Ermangarde, Poliard, Colin et Marie, soit par eux-mêmes, soit par toutes autres personnes, s'abstiendront désormais de toute revendication envers l'abbaye, non seulement à l'occasion du moulin, mais aussi sur toute autre chose. Dans le cas où ils seraient assez téméraires pour agir autrement, ils seront poursuivis sur toute terre, lieu et seigneurerie où ils pourraient être retrouvés, et là, soumis, et l'amende convenue exigée sans réserve. — Fait l'an de Notre Seigneur 1247, au mois de décembre.

1251. — Bliard, abbé de Bucilly, et Gérard, prévôt, Lambert et Clément, chanoines de Laon, et Jean, prieur de Rumigny, font connaître l'accord intervenu entre l'abbaye, le chapitre de Laon et l'abbaye de Saint-Nicaise de Reims sur le décimage des terres et prés au territoire des paroisses d'Anteni et Neuve-Ville et autres territoires environnants, dont le chapitre réclamait deux parts et les abbayes la troisième. Il fut convenu que le chapitre et Saint-Nicaise auraient les dîmes d'Anteni et Neuve Ville, Bucilly celles de la paroisse de Tharsis, suivant le bornage arrêté.

1252. — Charte de Itier, évêque de Laon, datée de *Pouilliacum* (Pouilly), la veille de la fête de saint Thomas, par laquelle il approuve les conventions faites entre l'abbaye de Saint-Michel et Milon, curé de la paroisse du même lieu, au sujet des dîmes que le curé prétendait avoir le droit de prélever, ce que l'abbaye lui contestait ; il voulait, par exemple, prendre la dîme sur les terres et les prés acquis par les religieux dans l'étendue de la paroisse, avoir le tiers des menues dîmes sur les cours de Blicy, des Watines et de Neuvecour, et sur les quartiers de Saint-Nicaise (1) et de Saint-Pierre de Bucilly, toutes les fois que les terres étaient détenues par des personnes laïques, parce qu'elles étaient situées dans les limites de sa paroisse ; il réclamait aussi les novales (2) sur tout le territoire. Le curé se plaignait également du grand tort que lui causaient les religieux en l'empêchant de célébrer les offices et de chanter les heures canoniques, les jours de Saint-Nicolas, de Sainte-Catherine, de Noël, de la Purification de la Vierge, du dimanche des Rameaux et du Vendredi-Saint ; — il ajoutait que pendant ce dernier jour, on l'empêchait d'exposer la sainte croix à la vénération des fidèles, comme on a l'habitude de le faire dans toutes les églises paroissiales. — Les religieux et le curé n'ayant pu s'entendre, s'en rapportèrent à la décision de maître Clément, chanoine de la cathédrale de Laon, et s'engagèrent à se soumettre à son jugement sous peine de cent livres parisis d'amende. Maître Clément, avec l'autorisation et en présence de l'évêque, et avec le conseil des bons (*consilio bonorum*) ordonna ce qui suit : L'abbé et le couvent de Saint-Michel auront toutes les dîmes tant grosses que menues et les novales tant présentes que futures, sur toute l'étendue de la paroisse ; ils en jouiront intégralement perpétuellement et sans trouble. Le curé sera tenu de célébrer la messe au peuple et il administrera les sacrements de l'église à tous les habitants demeurant dans la ville de Saint-Michel et de Rochefort, aux familiers de l'abbaye et à tous ceux qui demeurent dans les fermes de Blicy, dans le lieu dit la Wastine, situé contre la *haye de Liomont*; dans la ferme de Neuvecour, située près de Blicy, dans les quartiers de Saint-Nicaise et de Saint-Pierre de Bucilly, enfin dans tous les lieux renfermés dans les limites de la paroisse ; il n'y aura d'exception que pour les religieux et les convers. Il aura intégralement toutes les offrandes et tous les droits dus pour la célébration des mariages et la sépulture des morts, sans que les moines puissent rien réclamer de ce qui leur était dû autrefois sur ces choses ; il célébrera la messe au peuple de son église paroissiale (1) aux fêtes de Saint Nicolas et de Sainte-Catherine ; il dira les deux premières messes le jour de Noël, et il aura toutes les offrandes que les moines avaient coutume de recevoir quand ils disaient eux-mêmes les messes au peuple. En compensation le curé sera tenu de rendre chaque année au couvent de Saint-Michel dix sous parisis à la Saint-Nicolas d'hiver. Le jour de la fête de la Purification, le jour des Rameaux et le jour du Vendredi-Saint le curé ne pourra célébrer les saints mystères dans son église paroissiale, ni chanter les heures canoniales la veille des dites fêtes. Les offices et les prières canoniales seront ces jours-là dites et chantées au peuple par les religieux dans leur propre église, et ils auront le droit de recevoir intégralement des offrandes pendant ces jours de fête. — On n'exposera pas la sainte croix dans le monastère le jour du Vendredi-Saint, mais le curé aura le droit de l'exposer dans son église à la vénération du peuple et de recevoir les offrandes. — L'abbé et le couvent seront tenus de laisser l'entrée de l'église libre pour le curé et ses clercs afin que ceux-ci puissent sonner les cloches quand il voudra dire la messe ou

---

(1) On a vu que l'abbaye Saint Nicaise de Reims avait des possessions riveraines de celles de Bucilly.

(2) Dîmes établies sur les terres nouvellement défrichées. Aujourd'hui, dans certains cantons, les terres en jachère sont encore nommées novales.

---

(1) L'Eglise paroissiale était alors confondue avec l'église des moines, ainsi que la charte l'indique elle-même un peu plus loin.

dans toutes les autres circonstances dans lesquelles on a l'habitude de sonner, *et cela tant que l'église paroissiale sera dans l'église des moines*. — Le curé aura encore les portes libres pour aller chercher le missel et l'huile pour les infirmes — Si quand le curé ira oindre les infirmes, les moines veulent le suivre, ils le pourront, et s'ils sont présents à l'onction de quelque malade, ils auront deux parts de ce qui est dû pour cette onction, le curé aura la troisième. — Si les religieux n'ont pas voulu accompagner le curé, ils n'auront rien — Le curé ne devra aucune dîme pour les animaux et les oiseaux qu'il aura chez lui, s'ils lui sont propres. — Le dit curé jouira paisiblement des terres et prés qu'il possède depuis plus de quatre ans, sauf le cens, la dîme, le terrage et autres droits dus au monastère ; il sera obligé de se défaire (*ponere extra manum suam*) dans le délai d'un an de toutes celles qu'il possède depuis moins de quatre ans et il ne pourra à l'avenir acheter aucune propriété.... sans le consentement de l'abbé et du dit couvent. — En compensation, le dit abbé et le dit couvent devront donner chaque année au curé maintenant en exercice et à ceux qui lui succéderont trente-quatre livres parisis aux termes ci-après indiqués, savoir : quatre livres le lendemain de la Nativité de saint Jean Baptiste, dix livres le jour de la fête de saint Remy en octobre, dix livres après la Circoncision de Notre-Seigneur et les dix livres restant après Pâques fleuries. Ils seront tenus en même temps de donner chaque année au dit curé 60 chapons après la Circoncision; ils lui fourniront aussi chaque année 500 gerbes de récoltes, savoir : 100 gerbes d'hivernages (*de hibernagio*) et 400 gerbes d'avoine..... — Fait à Pouilly (*apud Poulliacum*), l'an de N.-S. 1252, la veille de la fête de saint Thomas.

1252. — Clément de Saint-Germain, chanoine de Laon, arbitre choisi par l'abbaye de Foigny et par l'abbaye de Bucilly, décide que la première doit être déchargée de la dîme de 100 sols réclamée par le second, de la laine des agneaux que Foigny a aux territoires d'Effry, Luzoir, Wimy Martigny et de Neuve-Maison et condamne les moines de Bucilly à restituer à ceux de Foigny 54 sols parisis perçus par eux. — An 1252, le samedi avant les Rameaux.

1264 — Hugues de Besançon, official Laon, fait savoir que par devant Viard de Renneville, notaire de la cour, Marie, veuve d'André, mayeur de Bucilly, a donné 3 ânées de pré sises à Landozies, 3 jalets 1/2 de terre arable à Bucilly près du bois Houduin (1); 4 jalets 1/2 de prés à Landozies dont elle conserve seulement la jouissance viagère. Postérieurement, maître Renaud de Bucilly, clerc, Euruyn, son frère, Vautier, Houda, sa femme, Colin, son frère, Jean et Adinus, échangèrent ladite masure contre une maison à Bucilly venant d'André, mayeur, que la dite Marie reçut de l'abbaye viagèrement pour un cens de six deniers.

1266 — Le cerf, dit l'historien Martin, qui, par sa rareté, est devenu, de nos jours, l'apanage exclusif de nos chasses réservées des souverains, était, à cette époque, assez commun dans le pays pour que les seigneurs de Landouzy-la-Ville eussent accordé aux habitants de ce lieu le droit de le chasser sur toute l'étendue de son territoire, à l'exception de leurs bois, et à condition que le quart leur en serait porté. (Art. 53 de la charte de commune de Landouzy). Il n'était probablement pas plus rare dans le bois qui bordait, au midi, le terroir de Landouzy et qui appartenait tant au sire d'Avesnes et de Guise qu'aux religieux de Bucilly, s'il faut en juger par le nom que portait ce bois (Thierryssuelle, bois aux bêtes fauves) et par le soin que les propriétaires prenaient d'en régler la chasse. On lit, en effet, dans un accord fait, en 1273 entre Jean de Châtillon, cuens (comte) de Blois et sire d'Avesnes et de Guise, d'une part, et l'église de Bucilly, de l'autre, que les religieux ne pourront plus chasser dans le bois commun entre les parties, « formis

---

(1) Haudevin.

« le bos com claimme *Therryssuelle* qui
« sies entre Jante et Bucillis, où i!s por-
« ront charier quant il vorront (dit le
« comte) aussi comme je (ainsi que moi).»
Le cerf était encore assez commun aux
siècles derniers. Auprès du Pas-Bayard
(Hirson se trouve encore la Fontaine-aux-
Cerfs où les animaux de ce nom de la forêt
allaient se désaltérer.

Les sociétés entre les abbayes et les
seigneurs pour construire des villages,
n'étaient pas encore tombées en désuétude.
On les a vues commencer, en 1168, par
celle que forma l'église de Foigny avec le
seigneur de Vervins, pour la construction
de Landouzy-la Ville Un siècle plus tard,
Enjosrand de Rumigny, sire de Signy-le-
Petit convenait avec la même église de
« faire construire, à Pasques prochain ve-
vant, et de la en moyennant la cession
que lui faisait cette abbaye, à titre de
trécens, pour toute sa vie, de la grosse
dixme de la ville à construire. « C'est l'o-
rigine du village de Brognon.

1272 — Renier fait assigner à la des-
serte de Martigny neuf muids de froment,
sept muids d'avoine, trente-sept livres
parisis et soixante-dix chapons Il obtient
en 1272 un diplôme du pape Grégoire
La cure de Martigny dépendait déjà de
l'abbaye de Bucilly.

1273. — Gobert de Wimy naquit dans
ce village dans les premières années du
XIIIᵉ siècle, ayant embrassé la vie monas-
tique, il fut fait abbé de Bucilly vers 1273.

1274. — Jean de Châtillon, comte de
Blois et sire de Guise, qui exerça de si
grandes violences envers les religieux de
la célèbre abbaye de Noirmoutier, eut des
différends avec le couvent de Bucilly, au
sujet du moulin et de la haute justice de
Mondrepuis Les droits de Bucilly furent
défendus courageusement contre ce tur-
bulent seigneur par l'abbé Gobert, qui
mourut peu après, en 1274 ; il fut inhumé
dans le chœur de l'abbaye, près de la
stalle du prieur. Voici son épitaphe qui
était gravée en latin :

« Ci gît l'abbé Gobert, homme plein de
bonté, très grand orateur, simple de
mœurs, et généreux proviseur, voyant
comme un Argus en toute chose, natif de
Wimy, toujours imbu en bon chrétien
des vertus suivant le Messie ; il était depuis peu de temps en fonctions, lorsqu'il
alla rejoindre le Christ. Qu'on prie Dieu
ici afin qu'il soit sanctifié. Il est décédé
aux Calendes de janvier, l'an du Seigneur
1274. »

1274 — Parmi les bois des environs,
celui de *Thiérissuele* surtout, (aujourd'hui
le Bois-des-Huttes), qui appartenait aux
religieux de Bucilly, étaient assez gi-
boyeux pour que la chasse en excitât la
convoitise du sire de Guise, seigneur su-
zerain de tous ces parages. et pour la lui
faire payer cher On voit en effet, dans
un accord fait entre lui et l'abbaye de Bucilly, en 1274 qu'il cède à cette abbaye, à
titre d'échange, le moulin de Mondrepuis
contre « les caceries (chasses) et prises de
« bestes sauvages, des oisiaus de proie,
« de faisans que li devant dis couvent
« avaient es le bos com claimme (qu'on
« appelle) Thicrissuele. »

1274. — Par une charte de juillet, Jean
Hazard de Stenai fait la confirmation des
biens acquis au dit lieu, mais à la condition de ne plus rien acquérir sans la per-
mission du dit Jean, sauf un ménage qui
peut acquérir à la ville et terroir de Bucilly pour le prêtre ; les droitures demeurant au dit seigneur et l'abbaye lui donnant un passage près du moulin pour laisser aller les bêtes du village dans les prés
depuis la fanaison jusqu'à la mi-mars,
personne cependant ne pouvant charrier
sur le pont du moulin. Le droit de vaine
pâture sur les prés a existé dans tous nos
environs jusqu'au moment où les propriétés ont été closes de haies, de bailles
ou de fils de fer.

1278 — L'abbaye de Bucilly avait pour
avoué Hazard de Stenay. Les avoués
étaient des seigneurs laïques chargés de
défendre contre les troubles ceux dont ils
avaient la garde. Au lieu de les défendre,
ils devenaient souvent pour eux des op-
presseurs, tel était Hazard de Stenay, on
l'a déjà vu par la charte précédente. Ce
seigneur disputait à l'abbaye de Bucilly
le droit de haute justice, Jean de Châtillon,

comte de Blois, sire d'Avesnes et de Guise, députa les chevaliers Vauthiers de Rumigny, Nicaise de Rochefort (Saint-Michel), et Jean de Proisy, l'un des premiers dignitaires de la terre de Guise, qui décidèrent en faveur des religieux et firent l'accord ci après.

1280 — Droits réciproques de l'avoué et du couvent de Bucilly :

« Nous, Vauthiers, sire de Tupigny, Jehan, sire de Proisy, et Nicaise, sire de La Hérie, faisons savoir à tous ceux qui ces présentes lettres verront et entendront que, des débats ayant eu lieu, les religieux hommes, l'abbé et le couvent d'une part, sur plusieurs articles et débats qui eurent lieu entre eux et nous : Vauthiers, Jehan et Nicaise, chevaliers dont il a été parlé, après avoir lu le mandement de monseigneur le comte de Blois, d'enquérir la vérité et de terminer la querelle, pour l'accord des parties et pour la connaissance que nous en avons, prononçons et disons notre jugement en la manière qui s'en suit, c'est à savoir que : l'abbé de Bucilly met et peut mettre le mayeur et les échevins, et le doyen de la ville de Bucilly, et les ôter quand il voudra, et quand l'abbé les y a mis, ils font serment qu'ils garderont les droits de l'église et ceux de l'avoué. Le mayeur et les échevins peuvent arrêter pour forfait et détenir dans la maison du mayeur, et les forfaits doivent être jugés par les échevins de la ville de Bucilly. Des amendes de 22 sous et plus, l'abbé en aura deux parties et l'avoué le tiers. S'il advient que l'on oublie de payer les rentes, on est averti que l'avoué en aura 33 parisis et l'abbé 27 deniers. Tous les autres amendes au-dessous de 20 et 2 et demi sont toutes à l'abbé excepté celles qui sont divisées. Il est accordé que si quelqu'un vient à être condamné à une amende pour forfait, ou si un *esthrahère* (1) échoit en la ville de Bucilly, etc…, les deux parties en seront à l'abbé, et la troisième partie à l'avoué. Si un homme ou une femme est accusé pour condamnation entraînant la peine de mort le mayeur doit le remettre à l'avoué qui sera tenu de le faire juger. S'il advenait qu'il fasse serment de ne pouvoir prendre les malfaiteurs, l'avoué ou ses sergents pourraient les prendre et les mener en la maison du mayeur et non ailleurs Pour les amendes au-dessous de 22 sous et demi, le mayeur tiendra ses plaids en sa maison ou ailleurs où il voudra en la ville de Bucilly, et le mayeur devra faire *cherchemennage* quand il sera requis en la ville et au terroir de Bucilly si comme ils ont accoutumé car nous n'en sommes pas bien certain. Le moulin de Bucilly est à l'usage de l'abbé, l'avoué n'y a rien. Le mayeur et les échevins doivent faire tel ban comme on a l'habitude de le faire, et par ceux qui l'ont vu faire anciennement. Il y a en la ville de Bucilly, par an, trois plaids généraux aussi comme on est accoutumé; le mayeur les tient et l'abbé aussi s'il veut. L'avoué ni ses sergents n'y peuvent être. Des amendes qui échoient, l'abbé en a les deux parts et l'avoué le tiers. L'abbé doit payer les deux parts des dépenses des échevins, et l'avoué le tiers. Aux autres plaids ne peuvent être ni l'avoué ni ses sergents, ni l'avoué seulement. Quand il y a un nouvel avoué, il doit faire serment à l'abbé de garder ses droits loyalement, après quoi il doit faire serment à la ville de garder aux bourgeois les droits de la ville, et ceux de la ville doivent aussi faire serment de garder les droits de l'avoué. Le mayeur et les échevins doivent recevoir les rentes pour l'avoué ; le doyen doit lui mesurer son avoine loyalement et la mener où l'avoué voudra. Aux dépens, le doyen et le mayeur doivent être crus doivent payer les rentes comme les autres bourgeois. On sait que ceux de la ville donnent au seigneur quand il vient dans la ville de l'avoine pour quatre chevaux, mais nous ne savons s'ils en doivent plus ou moins. Nous avons accordé ces choses d'un commun assentiment de nous trois,

---

(1) On appelait ainsi au moyen-âge le droit qu'avaient les seigneurs de saisir tous les biens, meubles et immeubles de ceux de leurs serfs qui s'enfuyaient sur les terres d'autres seigneurs, qui ne jouissaient pas du droit d'entre cours. (Melleville).

et d'après les vérités que nous en avons entendues. Sauf les rentes, l'abbé, le couvent et l'avoué, nous ne connaissons nulle autre chose qui soit en débat. Pour que ce soit chose ferme et stable, etc... Nous, Vauthiers, Jehan et Nicaise devant dit, avons scellé de nos sceaux Ce fut fait l'an mil CCLXXX le dimanche après la fête saint Jean de Colasse. »

1291 à 1294 — Jacob, abbé de Bucilly.

1299, juillet. — Anthéaume de Warigny, chevalier, garde de la baillie d'Avesnes et de Guise déclare que Jean Deffris, chanoine, procureur à ce de l'abbaye de Bucelly a reconnu en la cour dudit que les tréfonciers d'Eparcy ressortent exclusivement à l'abbaye de Foigny.

L'abbaye de Bucilly, à la fin du XIIIe siècle possédait les lieux d'Harcigny, de *Perceries*, de La Hérie, de *Lentis* ou *Leutis* (Leuze), la moitié du territoire de Martigny et la cure dont dépendait l'église du village de Bucilly, les terres de Curves et d'Hermonville au diocèse de Reims qui fournissaient l'abbaye de vin et de froment, les autels de Bucilly, d'Effry, de Luzoir, de Cuiry, de Harcigny avec le moulin, les terres et revenus des autels de Neuve-Maison, d'*Angories* (Ohis), de Buire, d'Eparcy, la moitié du territoire de la Commune. Mondrepuis et l'autel de cette paroisse, la moitié du moulin de La Fosse et de celui de Neuve-Maison, de l'alleu de Liessies, de quelques terres, près et bois sur *Ballinées*, Voyenne Blicy, Froidmont et Agnicourt, la dîme et une partie du territoire d'Albanies, le patronage des cures de Tarzy, d'Hary, de Fligny, de Signy-le-Petit avec Brognon et la chapelle de Gland et Cuirieux. Son sol forestier se composait de plus de 700 hectares dont :

	Arpents
Le bois du Grand Cartier, St-Michel	539
Le bois du Petit-Cartier, id.	22
La forêt de la Hutte, Bucilly	687
Le bois du Câtelet, Mondrepuis	250
Le bois de Buire, près d'Hirson	139
Le bois de Cuirieux	33
	1,670

L'arpent valait 42 ares 81 centiares.

CHAPITRE III

BUCILLY AU XIVe ET AU XVe SIÈCLE

L'abbaye de Bucilly que l'on vient de voir a son apogée entre en décadence au XIVe siècle Cependant elle conserve encore un grand prestige, car Adam de Wassigny qui était abbé de Bucilly depuis 1315 abdique en 1327 pour l'abbatiat de Prémontré. Il devient aussi le supérieur de l'ordre puissant de ce nom. Adam de Wassigny était ainsi appelé, comme Gobert de Wimy, du lieu où il était né.

Adam fut remplacé par Jean III qui eut de graves démêlés à soutenir contre Jacob de Rochefort, de Saint-Michel, au sujet de la ferme de la Haie. Cette ferme paraît être la Cense de Buire.

Guy de Châtillon, seigneur de la terre de Guise et d'Hirson, mort en 1342, défendit à main armée les droits de l'abbaye où la paix ne rentra qu'au moment de la mort de Jean III. On lisait cette inscription sur sa tombe :

Ornat lapidem JOANNES abbas MC *ter.*
x *trina, cum sex.*
In ultimâ mensis novembris, obiit

1339 — L'empereur Louis de Bavière, à la tête d'une ligue puissante formée d'Allemands et de gens des Pays-Bas, était entré en Flandre. 120 Allemands conduits par le sire de Fauquemont poussèrent une reconnaissance jusqu'à Plomion dont les habitants réfugiés dans les bois voisins furent tués au nombre de 40, et perdirent tout ce qu'ils avaient emporté avec eux sans que les *routis* ou troncs dont ils s'étaient enfermés et fortifiés leur eussent été d'aucun secours.

Dans ces excursions, les abbayes de Clairfontaine, de Saint Michel et de Bucilly furent livrées au pillage. Au bois des Huttes, terroir de Bucilly, on a donné le nom de chemin du Routis à une route forestière que les religieux de Bucilly y avaient fait construire, au siècle dernier, avec des troncs d'arbres recouverts de branches et de terre pour l'exploitation de ce bois qui leur appartenait. Ce che min qui traversait le bois dans toute sa longueur, depuis le hameau du Jardinet jusqu'à celui de la Longue-Rue est encore reconnaissable en plusieurs endroits par sa fermeté et son élévation au dessus du sol.

La liste des abbés qui gouvernèrent Bucilly dans les temps malheureux de la moitié du xiv° siècle n'est pas connue.

1360, 15 juin. — Un accord eut lieu entre les abbayes de Bucilly et de Saint-Michel pour le pâturage des *yves* (juments), pour le pont et pour la carrière Bauduin Castel.

La contiguité des propriétés des abbayes de Saint-Michel et de Bucilly fut toujours une cause fréquente de démêlés entre les deux maisons. En 1360, les religieux de Saint-Michel « disoient et maintenoient eulx estre en saisine et possession et avoir droit de mener et faire mener pasturer leurs yvices, suiaux et poutrains (*juments, suivants et poulains*) dans les bos du Quartier qui appartenoient à Bucilly. » Ils s'opposaient aussi à la construction d'un pont sur la rivière d'Any, qu'ils avaient droit, disaient ils, de tenir franche et exempte, sans qu'on puisse y faire et tenir pont. Ils prétendaient aussi avoir un droit de passage pour eux et leurs marchands de bois de Bauduin Castel, « afin de carrier toute la widange du dit bois parmi la carrière qui vient du bois de Bauduin Castel en alant au grand chemin qui vient du bois de Bauduin Castel, en alant au grand chemin qui vient des Planches à Glant parmi la carrière dessus dite » Saint-Michel disputait en même temps à Bucilly certains droits de cens sur le tréfonds du quartier et de la mairie de Blicy. Afin de se mettre d'accord, les deux maisons firent, le 15 du mois de juin, le traité suivant : l'abbaye de Saint-Michel pourra faire pâturer ses animaux dans les bois du Quartier, mais à garde faite ; dans le cas où ils seraient trouvés sans garde les religieux seront soumis à telle amende qu'on est accoutumé à prendre en pareil cas. Si malgré les gardes ils étaient trouvés seuls dans les bois, les propriétaires seraient également amendables à moins que les gardes ne fassent serment sur les saints Evangiles qu'il n'y a nullement de leur faute. Les religieux de Bucilly pourront faire et avoir pont sur la rivière d'Any au-dessous de la maison de Neuvecourt, pourvu toutes fois que ledit pont soit assis sur des terrains leur appartenant étant à un lez ou à l'autre de la dite rivière. « Pour la carrière de la vidange du Bois de Bauduin Castel, certaines bondes seront assises au bois du Quartier et on y laissera espace pour carrier de dix pieds de lez par lesquels lieux les religieux de Saint-Michel et leurs marchands videront et pourront carrier la vidange de tous les bois de Bauduin Castel. » Quant aux cens du tréfonds du Quartier et de la mairie de Blicy, ils appartiendront pour un tiers aux religieux de Bucilly, qui les recevront en avant le jour de la Saint-Jean en la manière accoutumée.

Mathieu II était abbé de Bucilly vers ce temps. C'était un prédicateur célèbre. Il eut un procès avec le seigneur de Bancigny à l'occasion de la ferme de Gironsart, qui appartenait à l'abbaye mais qui était située dans les domaines de ce seigneur. Le grand juge de la province rendit sa sentence en faveur de l'abbaye. Mathieu II mourut en 1383 et fut inhumé dans le chœur. Sa pierre tumulaire portait cette épitaphe :

Abbas Matheus jocet hic, pietate repletus
De Cur eux natus tecam sit Christe beatus

1385. — Jean IV né à Maubert-Fontaine est abbé de Bucilly. Ses vertus lui valurent le surnom de *Sage*. Cette année, à la prière du duc de Lorraine, il sépare le terroir de Martigny de celui de Bucilly et le village de Bucilly qui constituait une partie de la paroisse en fut officiellement démembré

Jean IV mourut de la mort des saints en septembre 1391.

Voici son inscription funèbre :

Hic adest abbatis sapientis tumba Joannis
Bis tribus et quinque, noster pater
extitit annis.

*Et jacet in tumulo repletus pneumate
sacro.
Tempore pestifero nos rexit corde begnino
Fonte fuit genitus Mauberti, mente
serenus oblatus fuit
Illi requium, et in Christo explicvit
Ann. D.* MCCCICIV. *cal. septembris obiit
Dominnus Joannes, abbas hujus ecclesiæ.*
ORATE PRO EO.

En 1410, octobre, Bucilly village était important puisque son imposition sur toutes denrées, vin et sel exceptés, était de 16 livres 8 sous seulement pour l'abbaye, Saint-Michel bourg et abbaye n'étaient imposés que pour 7 livres.

Dans une imposition en forme de taille qui eut lieu encore à cette époque *pour remettre à l'obéissance du roi plusieurs sujets rebelles.* Bucilly village et abbaye, La Hérie, Eparcy, furent taxés à 31 livres, Saint-Michel à 37

1450, 1er mai. — Mort de Jean Lepenocer, abbé de Bucilly.

1671. — L'abbaye Saint-Vincent de Laon avait pour grand mayeur Jean de Bucilly.

1494 — Mort de Robert, successeur de Jean.

1500. — Mort de Gérard Ogier.

La dernière moitié du xve siècle fut une époque des plus douloureuses pour cette contrée dans laquelle étaient cantonnés ces hommes d'armes n'appartenant qu'aux partis qui leur procuraient des rapines et qui avaient reçu le nom d'*Ecorcheurs.*

Tous les habitants de Bucilly, religieux et laïques durent se réfugier dans les bois ainsi que le faisaient, comme on l'a vu, ceux de Plomion. Le bois de Beaurepaire dut souvent les abriter. Une dépression du sol qui est au centre sur le rebord de la colline paraît avoir été un principal abri. Différents objets y ont été retrouvés ainsi que des traces d'habitation.

CHAPITRE IV
BUCILLY AVANT L'AN 1800

1502. — Jean Leprince succède comme abbé de Bucilly à Gérard Ogier, Après lui vient Pierre Fouan d'une famille considérée du pays. Il gouverne la maison avec beaucoup de sagesse pendant des temps très durs et meurt en 1532 Il est remplacé par Jean Vincent.

1542. — Jean de Bayencourt est abbé de Bucilly. Son nom de gentilhomme fait présumer que l'abbaye était en commande. De Bayencourt fit réparer les bâtiments de l'abbaye.

Avant cette époque, les religieux élisaient leur abbé, mais peu à peu ils furent dépouillés de ce droit Le roi désigna un abbé qui était nommé définitivement par le pape. L'abbé ainsi nommé était commandataire, c'est-à-dire qu'il avait le mandat de gouverner l'abbaye. Ce mandat procurait de riches bénéfices. Souvent des commandataires avaient plusieurs abbayes, ce qui leur donnait de riches revenus, de sorte que les biens des abbayes qui avaient été destinés au soulagement des pauvres étaient dépensés dans les villes en fastes et en débauches, ce qui amena bien vite la chûte de maisons qui n'avaient de religieux que le nom.

1571. — L'abbaye de Bucilly fut placée sous la direction de Jacob de Haptencourt, religieux de Bucilly nommé abbé par le roi. C'est à ce moment que le bois des Huttes prit le nom qu'il porte encore aujourd'hui. Ce changement était dû aux chaumières qu'on avait construites sur les bords de ce bois, pendant les longues guerres qu'on venait de traverser, et dont la situation permettait aux habitants d'échapper plus promptement et plus sûrement aux incursions de l'ennemi. Ils n'avaient qu'à sortir de chez eux pour se trouver en un instant à l'abri de sa poursuite, au milieu des fourrés ou des halliers épais qui abondent dans cette forêt Un triage et une fontaine de ce bois situés près du hameau du Jardinet, communes de Bucilly et Martigny, s'appellent encore actuellement *la Queue du Hallier,* *la Fontaine du Hallier.* Ces modestes constructions continuaient de s'élever, en 1571, comme on peut s'en convaincre par la vente d'une terre située près du bois dont il s'agit, que fit, cette année, l'abbé de Bucilly à un manant d'Harcigny nommé Parent. Le prix consistait en une rente annuelle de 60 sols et deux chapons, et l'on sait que cette sorte de redevance n'était guère payée alors que pour des concessions de fonds à bâtir, le prix des terres en exploitation étant ordinairement représenté par des revenus en grains.

C'était vraisemblablement à ces constructions qu'il faut attribuer l'origine des hameaux du Chêne-Bourdon-de-haut et du Chêne-Bourdon de-bas, commune de Landouzy la-Ville, du Pont-à-l'Ecu et du Jardinet, communes de Martigny et de Bucilly, de la cour des Rochets et de la rue des Blancs-Champs, commune de Besmont, et même de la Longue-Rue et de la Sablonnière, commune de Jeantes.

Ces hameaux ignorés durent être recherchés aussi par les religionnaires, au temps où ils étaient forcés de se cacher, pour exercer leur culte ; cette conjecture paraît trouver sa justification dans le nombre assez considérable de protestants qui existent encore, de nos jours, au hameau du Chêne-Bourdon-de-bas et dans plusieurs autres du voisinage.

1574. — Claude de Champleux, chanoine de Péronne fut nommé abbé de Bucilly. Il vit son administration troublée par des guerres de différentes espèces. Les Huguenots, la Ligue et tous les troubles qui accompagnèrent ces cruelles divisions firent beaucoup souffrir ce monastère, comme les autres du pays où chacun était dans de continuelles alarmes. Ce fut sans doute la fatigue inséparable d'une gestion aussi orageuse qui fit prendre à Claude de Champleux la détermination de résigner en 1595 son titre d'abbé à Tristan de Villelongue, abbé de la Val-Dieu, monastère du même ordre de Prémontré, situé dans les Ardennes

De Villelongue était fils du seigneur de Brunehamel.

Les de Villelongue, plus tard seigneurs de Vigneux, avaient pour armes : d'azur, à deux gerbes de blé d'or, écartelé d'argent à un loup de sable.

Quoiqu'aveugle dès l'âge de dix ans, il fut docteur en théologie, aumônier, conseiller et prédicateur d'Henri IV.

Tristan de Villelongue mourut en 1631. Sa pierre tombale portait l'inscription suivante :

« Hic jacet reverendus in Christo pater et dominus Tristandus de Villelongue, doctor theologicus, Christianissimi Henrici IV, Francorum rex, consiliarius et ecclesiastes ordinarius. Licet ab infantiâ cœcus, abbas Buciliensis, qui annum agens sexagesimum nonum, religiosissimé obiit, die undecimâ anno salutis MDC XXXI. »

1631. — Le roi nomma abbé de Bucilly, le neveu de Tristan, Roger de Villelongue. Loin de ressembler à son parent, il paraissait avoir pris à tâche de réunir tous les vices opposés à ses vertus. Négligeant le soin de son couvent, pour ne s'occuper que d'affaires temporelles, il donnait l'exemple du relâchement et de la dissipation à ses religieux qui ne l'imitaient que trop fidèlement : « Entièrement étranger au langage de la foi et de la pitié, » il ne parlait que de divertissements ; la chasse était surtout son plaisir de prédilection Mais cette légèreté était encore le moindre de ses défauts : « il auroit été, « ajoute son biographe, plus propre à « faire le métier de partisan, d'imposeur « de contributions, de poseur d'embus- « cades qu'à remplir la charge d'abbé. Il « manioit beaucoup mieux les armes que « la crosse ; il n'avoit de religieux que « l'habit ; mais ne faisant pas le métier « qu'il devoit faire par état. »

1642. — Les Espagnols entrent en France du côté de Vervins, avec des troupes nombreuses. Réunis au prince de Condé, irrité contre Jules Mazarin, premier ministre du Roi, ils dévastent nos environs et le terroir de Bucilly.

Au commencement de septembre, l'armée de Léopold, archiduc d'Autriche, et celle que commandait le prince de Condé, se dirigeant sur Rocroi pour l'assiéger, passent deux nuits à Bucilly et aux environs. L'abbaye ayant été pillée et entièrement ruinée, les religieux errent çà et là aux alentours, sans avoir de quoi à se nourrir. Rocroi une fois pris et remis aux mains du prince de Condé, il n'y a plus aucune sécurité, à dix lieues à la ronde, l'ennemi renouvelle partout et impunément ses déprédations continuelles. Bucilly est encore pillé plusieurs fois. Le frère Hilaire, prieur du couvent, est emmené prisonnier à Rocroi, et les autres religieux sont dépouillés, battus et dispersés.

Roger, abbé de Bucilly, prenait la part la plus active aux guerres de la Fronde qui désolaient la Thiérache. Il commandait un camp volant. Un jour, ayant eu près d'Effry, une querelle avec Roquepine, gouverneur de La Capelle, ce dernier tua Roger (1649) en un duel loyal puisqu'il n'eut pas de suite. Il fut enterré dans l'église de Bucilly.

L'année d'avant sa mort, le 12 octobre, il accompagnait le vidame d'Amiens marquis de Saint-Mesgrin qui se présenta devant Aubenton avec ses troupes pour passer le Ton sur le pont en traversant la ville. La réputation de ces troupes était si mauvaise que la ville ferma ses portes. L'avocat Millet, pour braver le vidame, lui montra son derrière au-dessus des remparts. L'abbé de Bucilly intervint et dit qu'il avait la parole d'honneur du vidame qu'il ne serait fait aucun tort à la ville. La porte du jeton fut ouverte. Malgré la foi jurée, la ville fut mise au pillage et l'avocat Millet recherché se cacha dans une balle de laine au clocher et ne fut pas trouvé.

L'abbé de Bucilly, témoin de la mauvaise foi du vidame, prit un pistolet pour s'en venger sur la place même d'Aubenton. On parvint non sans peine à l'empêcher de le tuer.

1651. — Edme Sauvage, abbé de Bucilly. Il y introduit la réforme du père Servais de Lernelle, abbé de Pont-à-Mousson.

1657. — L'armée de Turenne et celle des Anglais nos alliés, séjournent pendant une partie du mois d'août à Bucilly et dans les lieux voisins dont ils dévastent les champs et ruinent les maisons, de sorte qu'il ne reste rien aux religieux pour leur subsistance. Si les religieux se trouvaient réduits à une telle extrémité, que devait être la triste condition des hommes du peuple.

1662. — Les religieux de Bucilly restaient toujours en proie à la crainte. Dans la prévision de désordres comme ceux dont ils avaient eu à souffrir, ils résolurent de se bâtir une maison de refuge à Paris. Ils consacrèrent, en 1662, à l'exécution de ce projet, deux mille livres qui furent employées, tant aux frais de cette construction qu'à l'acquisition du terrain sur lequel on l'exécuta.

Edme Sauvage, abbé de Bucilly, quitta ce monastère en 1670 pour prendre le gouvernement de l'abbaye de Juvigny où il mourut en 1688. Charles Dufrenoy, abbé de Juvigny, lui succéda.

Le 1er mai 1680, dit Dom Lelong, Louis XIV passa par cette abbaye pour ses expéditions de Flandre. Le père Oudin, en l'absence de l'abbé et du prieur, complimenta ce monarque avec esprit. Le roi le sentit, mais ayant demandé à Oudin quelle charge il avait dans la maison, il répondit: « Je porte le mousquet et je le traîne quand je ne le peux le porter. » Cette réponse intimida le roi qui ne voulut plus le voir.

C'est en quittant Bucilly que le roi suivit le chemin qui depuis cette époque a pris le nom de *Chemin de l'Armée*, nom qu'il porte encore en quelques endroits.

1680, 1er juin. — Par lettres-patentes du 16 juin, le roi Louis XIV accorda à l'abbaye de Bucilly l'autorisation de faire des abattis extraordinaires dans ses forêts. Ils étaient destinés à couvrir les dépenses considérables que devaient occasionner les réparations et même les constructions d'une partie des bâtiments claustraux de ce monastère.

Ces abattis étaient ceux du taillis et des arbres anciens dans les quatre bois dépendant des deux menses indivises. Il devait être seulement réservé pour chaque arpent dix chênes dans la forêt de la

Hutte et quatre dans les bois du Quartier, du Câtelet et de Buire.

Le père Oudin géra la paroisse de Bucilly en 1683. Les registres des naissances et des décès datent de cette époque

L'abbé Charles Dufrenoy étant mort en 1688, Louis XIV se souvint d'avoir été bien reçu à Bucilly par le père Servais Frouart alors procureur de cette maison, il le nomma abbé contre l'attente de ce digne religieux, et dit à cette occasion : « Il est bon de faire du bien, on ne l'oublie jamais. » Cet abbé rebâtit sa maison depuis les fondements ; une plus grande élévation lui aurait été avantageuse parce qu'étant construite auprès de la rivière du Ton, la partie du jardin est sujette aux inondations.

L'ensemble de ces constructions présentait un vaste carré composé de trois corps-de-logis principaux, adhérents à la partie méridionale de l'église, et au centre desquels se trouvait le cloître ou espace libre, environné d'arcades à plein-cintre. Cette masse imposante par la dimension de ses formes, était flanquée à ses angles par de vastes pavillons ; tous les murs étaient en briques, à l'exception de leurs bases, des socles, des angles, des entablements et des autres ornements faisant saillie, dont les pierres provenaient des carrières de Bossus (Ardennes), et de l'Abri des Cabres, commune de Saint-Michel.

La cave destinée à recevoir les provisions de l'abbaye et de ceux qui en dépendaient et qui existe encore à l'est du quadrilatère formé par les construction des communs, avait 56 mètres de longueur, 5 mètres de largeur et 3 mètres 10 de hauteur. Elle avait à l'un des bouts deux caveaux pour resserrer les provisions les plus rares. On descendait dans cette cave avec une voiture par un chemin qui y aboutissait en pente douce.

Le grenier du bâtiment établi sur cette cave avait la même longueur. Le plancher était en bois de chêne sur dosse. D'ailleurs il en était de même de la charpente, des chevrons et des feuillets de la couverture.

1692. — Un grand nombre d'hommes, de femmes et de filles de Bucilly, s'opposent de vive force à un enlèvement de farines achetées par André Sénéchal et Jean Raux, marchands à Seloignes et Mommigny.

1707-1712. — Adjudication par décret de terres et prés sis à Bucilly, Buire, Saint-Michel, Neuve-Maison et du fief de la Rainette sis à Hirson, exécutée à la requête de Marie de Lorraine, duchesse de Guise, sur Jean Pétré, seigneur de Bobigny, et Louis-Roger Pétré, seigneur de Magny, pour satisfaire au paiement de la somme de 5,500 livres à laquelle ils sont condamnés en qualité d'héritiers et lieutenant de Jean Pétré leur aïeul, et de Roger leur oncle.

Réception d'homme vivant présenté par l'abbaye de Bucilly pour le service des droits féodaux de Lorembert vassal de la chatellenie de Martigny.

Le père Frouart mourut en 1712. On mit sur sa tombe l'inscription suivante :

Hic jacet
Reverendus admodium pater ac dominus
SERVATIUS FROUARD,
Strictis observantiœ ordinis Prœmonst.
Hujus monasterii abbas et reedificator,
Qui piè obdormivit domino,
Regiminis anno XXIV. *Ætatis* LXVIII.
Reparatœ salutis MDCCXII. *Novembris*
die XXVII.
Optimam habet repositam gratiam
Requiescat in pace.

L'abbé Frouart qui s'était surtout occupé de relever le monastère laissait à ses successeurs le soin de renouveler les constructions de l'église comme il avait renouvelé celles des bâtiments claustraux.

1712. — Un malandrin nommé Drongart portait le fer et le feu dans la Thiérache, passant à Bucilly auprès d'une maison qui existait encore au siècle dernier, d'après dom Lelong, entendit une pauvre femme qui récitait cette prière à ses enfants : « Préservez-nous, Seigneur, de Drongart et de sa troupe. » Ce partisan en fut si touché, qu'entrant dans la chaumière, il donna quelque argent à cette femme et renonça pour toujours à la profession des armes. Le souvenir de Drongart s'est conservé : on dit encore pour désigner un homme méchant : C'est un vieux Drongart.

Bucilly n'avait au siècle dernier que 60 feux.

1713. — Antoine Trudaine, chanoine de la commune observance, fut sacré abbé de Bucilly le 9 mai 1713 dans le collège de Prémontré de Paris, par l'abbé général de l'ordre. Il mourut le 2 mai 1717 à Plessis-le-Roy. Son corps fut rapporté à Bucilly. Il fut inhumé dans l'église près des degrés du sanctuaire. Il fut remplacé par François Humbert, vicaire général de la congrégation réformée, recommandable par sa grande sagesse et ses nombreux travaux. Ce fut lui qui entreprit la reconstruction de l'église. Il mourut en 1738 et fut remplacé par Joseph Nitard.

La vieille basilique de l'abbaye de Bucilly était encore celle que la comtesse Hérézinde avait fait élever sous le patronage de saint Pierre, en 946, lors de la création du monastère. Elle avait cent soixante-six pieds de long sur soixante-sept de large ; le sanctuaire et quatre petites chapelles dans l'enfoncement de la croisée étaient seuls voûtés ; un plafond défectueux, en feuillets cloués et peints, régnait sur toute la nef, le chœur et la croisée. Cet antique édifice, couvert moitié en ardoises moitié en tuiles et bardeaux, tombait alors de vétusté : la maçonnerie, la charpente et la couverture étaient dans un tel état de détérioration qu'il y avait péril à y célébrer le service divin.

Son entière démolition fut résolue vers 1730, sous François Humbert, deuxième successeur de l'abbé Frouart. Il commença par abattre l'ancien portail qu'il remplaça par une façade construite en briques et en pierres de taille, de même que les lieux claustraux ; elle fut ornée de trois différents ordres d'architecture, avec un fronton où l'on sculpta en relief les armes du roi ; le tout fut surmonté de deux belles tours surmontées en dôme.

Ces premiers ouvrages, que les religieux firent exécuter avec leurs propres ressources, furent estimés à plus de soixante mille livres ; ils épuisèrent les épargnes des moines, qui se virent dans la nécessité de recourir de nouveau à la bonté du roi. Un arrêt du conseil d'état, signé à Versailles, le 30 août 1740, les autorisa à faire couper les 417 arpents 60 perches composant la réserve des deux menses, dans les bois du Grand et du Petit-Cartier, dont les taillis, exploités en 1690, étaient alors âgés de cinquante ans : mais les ravages qui avaient été commis dans ces bois, lors des dernières guerres du règne de Louis XIV, en avaient diminué la valeur ; les habitants des hameaux voisins s'y étaient souvent réfugiés en troupes nombreuses et avec leurs bestiaux, dans le cours de ces longues guerres dont la Flandre fut le principal théâtre jusqu'à la paix d'Utrecht ; les partis ennemis y avaient aussi quelquefois cherché une retraite ; ces bois avaient donc beaucoup souffert. Il fut spécifié dans l'arrêt du conseil que, dans le cas où le prix des dits bois serait insuffisant pour acquitter en entier le montant du devis des ouvrages, les religieux seraient tenus de le compléter sur leurs revenus actuels ; ils durent même en faire leur soumission avant l'adjudication des réserves. A cet effet, par un acte passé le 17 novembre 1742, en présence de Me Noiron, notaire à Martigny, ils donnèrent pouvoir au père Jacques Huquenin de contracter en leurs noms cet engagement au greffe de la maîtrise de Laon. Cette pièce est fort curieuse en ce qu'elle est signée par les prêtres et les sous-diacres qui composaient alors la communauté, au nombre de dix-sept, dont voici les noms :

Joseph Nitard,   abbé régulier.
Jacques-Christophe Glineur, prieur.
Jacques Huquenin, sous-prieur et procur.
Guillaume Lejeune,   prêtre.
Jean Henri Moreau,   id.
Sébastien Tournon,   id.
Nicolas Dennange,   id.
Louis Forflier,   id.
Charles de Hennezele,   id.
Charles-Louis Cardon,   id.
Claude Tribout,   id.
Jean Baré,   sous diacre.
Joseph Jacob,   id.

Nicolas Legay, sous-diacre.
Jean-Baptiste de Touche id.
Jean-Baptiste Vaalet, id.
Gabriel Jacquot, id.

Le 29 novembre 1742, les quatre cent dix-sept arpents soixante perches de réserve furent adjugés au sieur Noël Despret, maître de forges, demeurant à Sailly, au prix de 48,237 livres ; et le 1er décembre même année, on procéda, en l'auditoire royal de la maîtrise de Laon, à l'adjudication au rabais des ouvrages de l'église. Le sieur Antoine Bernard, architecte, demeurant au village de Bucilly, s'en rendit adjudicataire moyennant la somme de 96,250 livres Cette somme était supérieure à celle de l'adjudication de la réserve, les religieux se trouvèrent débiteurs de 48,013 livres, envers le sieur Bernard.

Avant de démolir la vieille église, on en retira tout ce qui était précieux et méritait d'être conservé, tel que le maître-autel en marbre de diverses couleurs, les deux autels du jubé, les quatre des chapelles de la croisée avec leurs accessoires, l'ornement en forme de lambris faisant le pourtour du sanctuaire, et qui était en marbre noir et en pierres blanches sculptées, avec six niches et leurs saints, les trois grilles du chœur et des bas-côtés, les stalles, le buffet d'orgues, etc. Tous ces objets furent replacés dans la nouvelle église.

Quelques-unes des nombreuses dalles tumulaires qui couvraient le sol de l'ancienne église, où beaucoup de seigneurs avaient eu leur sépulture, furent aussi conservées ; la plus remarquable, qu'on voyait dans le sanctuaire, était celle de l'illustre princesse Jeanne de Châtillon, fille de Jean, comte de Blois, et d'Adelaïde de Bretagne, comte d'Alençon, morte le 19 janvier 1261.

Le nouvel édifice fut construit en briques et en pierres de Bossus, à peu près dans les mêmes dispositions que l'ancien, sauf la croisée qui fut supprimée ; on le rebâtit sur le même emplacement, mais on eut la précaution d'exhausser le terrain de quatre pieds et demi, afin de remédier à l'humidité causée par la rivière du Ton, dont les eaux, dans les débordements, venaient battre la base des murailles. Il avait cent soixante dix pieds de long sur soixante-six de large ; vingt-six fenêtres, dont cinq pour le sanctuaire, y laissaient pénétrer le jour ; ses voûtes à plein cintre étaient soutenues par des piliers d'ordre corinthien. Les principales voûtes du chœur et de la nef avaient cinquante-et-un pieds de hauteur, celle des collatéraux, quarante-six pieds

Ce vaisseau, d'une médiocre étendue, mais richement orné à l'intérieur, ne fut terminé qu'en 1751, sous l'abbé Pierre Mennessier. L'architecte Bernard mourut dans le cours de l'année 1754, après avoir pleinement satisfait aux charges de son adjndication.

Mennessier mourut aussi en 1754.

1733, mai. — Jean Goulet de Bucilly occupa la cure de Saint-Nicolas d'Aubenton et quelques mois après celle de Bois-lès-Pargny.

1748. — Il est défendu aux meuniers de Bucilly et d'Éparcy d'aller chercher des grains à Besmont, pour les moudre ensuite.

Le plan du bois de l'abbaye de Bucilly fut dressé au XVIIIe siècle. Il se trouve aux archives de l'Aisne ainsi que les baux du moulin, de la ferme, des terres et prés et de la ferme de Buire.

1774. — Godard fut nommé abbé de Bucilly en 1774. Il marchait sur les traces de ses prédécesseurs, et donnait l'exemple d'une parfaite régularité. En 1778, il décora la maison d'une belle bibliothèque de trente-six pieds de long sur vingt-quatre de large, répara l'appartement des hôtes, qui consistait en huit chambres hautes et fit élever la principale porte d'entrée, seule portion des constructions du monastère qui se soit conservée jusqu'à nous. D'autres constructions eurent encore lieu vers le même temps dans la plupart des fermes qui dépendaient de la maison.

L'abbé Godard avait obtenu à cette occasion une nouvelle autorisation d'exploiter la réserve.

La communauté se composait alors de vingt chanoines prémontrés de la réforme.

L'abbé Godard mourut en 1785, ce qui fit passer le gouvernement de Bucilly entre les mains de Jean-Baptiste Warlomont, l'abbaye, riche de vingt à vingt-cinq mille livres de rente, jouissait d'un degré de prospérité qui laissait peu prévoir la terrible catastrophe dont elle allait devenir la victime. L'abbé Warlomont qui vit quelques-uns de ses beaux jours, assista aussi à son heure dernière. Le soufle des tempêtes politiques renversa sous ses yeux cette splendide demeure, et alla troubler jusqu'au fond de leur caveau les cendres de ses pieux fondateurs.

1790. — La suppression des ordres religieux avait rendu inutiles la plupart de leurs églises et ce qui servait à y célébrer les cérémonies du culte. Quand on vendit leurs orgues, elles furent achetées pour des églises paroissiales qui en manquaient. Le voisinage mettaient celles de Bucilly tout à fait à la convenance de l'église d'Aubenton ; aussi la fabrique s'empressa-t-elle de les acquérir, ainsi que les stalles du chœur, un confessionnal sculpté et plusieurs tableaux, notamment une descente de croix qui en font aujourd'hui les principaux ornements.

Le dernier abbé de Bucilly, Jean-Baptiste Warlomont, fut nommé en 1788. Il faisait construire la grange qui borde le chemin de Bucilly à Martigny quand la révolution éclata. Cette grange resta inachevée. Les chanoines de Bucilly furent dispersés ainsi que les immenses possessions de l'abbaye qui à certain moment furent d'environ 60 000 livres.

1793. — L'ennemi avait pénétré dans le district de Vervins jusqu'à La Capelle. Il avait été repoussé. La victoire de Wattignies près Maubeuge, avait été remportée non sans faire de nombreuses victimes. Des ambulances furent organisées. L'une d'elles fut établie dans l'abbaye de Bucilly. Les blessés étaient soignés par les médecins d'Aubenton.

Lors de la formation des cantons, Bucilly fit partie du canton d'Aubenton. Son territoire paraissait être fertile, car dans une réquisition en 1793, cette commune fut taxée à quatre sacs de farines et 120 jalois d'avoine, quand Mondrepuis, Origny n'étaient taxés qu'à deux sacs de farine, et 100 jalois d'avoine

Bucilly faisait partie de la généralité de Soissons, du bailliage, élection et diocèse de Laon. Il y avait un poste des employés de fermes.

CHAPITRE V

BUCILLY AU XIX° SIÈCLE

Les bâtiments de l'abbaye de Bucilly furent vendus en différents lots. La grange fut achetée par un nommé Sachère d'origine allemande qui y établit une filature dans le genre de celles qui existaient à Saint-Quentin. Le bruit courut dans le pays que l'intention de Sachère en établissant son usine aussi près de la frontière était de faire passer en fraude des produits similaires à ceux de l'industrie saint-quentinoise. Il se procura la force motrice de ses machines par un barrage établi sur le Ton. La famille Sachère était composée de personnes intelligentes et amies des arts. L'une des demoiselles était une excellente musicienne.

Sachère, tirant peu de produit de son usine, vendit sa force motrice à Baudmont-Desmasures qui y établit un moulin qui fut longtemps exploité. Ce moulin a été depuis peu d'années converti en scierie.

Pendant l'occupation étrangère en 1816, Bucilly eut à loger 1290 hommes et 525 chevaux.

Le 16 août 1870, la compagnie de sapeurs-pompiers, aussitôt l'appel qui avait été fait se mit en marche pour Vervins sous les ordres de son chef, M. Jules Pécheux.

Lorsque le 12 novembre 1870, 38,000 fr. de subsides furent demandés au canton d'Hirson par le préfet prussien qui était à Laon, MM. Constant Pécheux et Buissart qui faisaient partie de la commission cantonale réunie à Hirson, malgré les menaces du fonctionnaire ennemi, s'opposèrent énergiquement comme leurs collègues aux prétentions du préfet prussien.

Le patriotisme bien connu des frères Pécheux ne paraissait pas être bien vu des étrangers Par rapport à une affaire de fraude à laquelle M. Constant Pécheux était tout à fait étranger, il fut arrêté par les Allemands comme président de la commission municipale, conduit à Vervins, il y fut gardé deux jours.

Voici quelle fut cette affaire :

Une voiture de fraude fut saisie par le capitaine des douanes. Les contrebandiers prétendirent que leurs marchandises étaient destinées aux Prussiens qui étaient à Vervins. Ils prévinrent le commandant ennemi qui envoya à Bucilly une de ses compagnies N'ayant pu prendre le capitaine des douanes qui était absent, ils s'emparèrent de M. Constant Pécheux.

La commune de Bucilly, comme toutes celles du canton, paya son tribut à la Défense nationale : Terrien Jules-Eugène, fut tué au bois d'Harteunes ; Brouet Jules Augustin, né en 1847, mourut prisonnier à Magdebourg.

HISTOIRE DES FAMILLES DE BUCILLY

FAMILLES DU XVIIᵉ SIÈCLE

Adam, Alliaume.

Béguin, 1677 Bocquet du Jardinet, baptisé à Bucilly, n'ayant pu être porté à Landouzy à cause du débordement de eaux. Barbier, Bonnois, Bury, Bancolin.

Chardon, Courtecuisse, Chaffaux, Chantraine, Calama, Claude

Defer, Dupuis, Deparpe, Douce, âgé de 22 ans, se marie à Anne Rémolu, âgée de 14 ans.

Faudier, Flament, Fagneux.

Gattelet, Goulet vicaire à Bucilly, Gamain, Gransire, Génot, Gosset.

Hulin, Hugot, Hénaux, Herbert, Hilaire.

Jada maître d'école 1679, Jacob sous-prieur 1684,

Lemoine, Lherbier, Lefèvre, Lacroix, Lebrun, Lheureux, Lamotte, Levasseur, Ledouble, Leclair, Launiaux, Lejeune.

Manciaux, Mérau, Madoulet, Ménesse. Nice, Nicole, Noé.

Oudin, prieur, cesse de desservir Bucilly en 1684 (voir sa biographie).

Pésheux. La famille des Pésheux ou mieux Pécheux qui signifie Pécheur, a occupé différents moulins sur le Ton et sur l'Oise depuis très longtemps. Prudhomme, Pierra, Pattelet, Parmentier, Paradis maître d'école 1676, bon nombre de signatures de son temps sont très lisibles. Parisis.

Ravaux, Rousselet, Roland, Rocq, Ricard, Rémolu, Robert prieur.

Stavaux, Simon, Sinet, Sellier, Santambien.

Tremaux, Tonnelier, Tourneux, Tiercelet.

Williot.

FAMILLES DES XVIIIᵉ ET XIXᵉ SIÈCLES

Outre les familles dont il vient d'être parlé, s'établirent à Bucilly au siècle dernier :

Bourgeois, Bitaille, Brulé, Brugnon, Bernard, architecte de l'abbaye en mars

1754, perd en sept jours une enfant de sept ans et une de onze ans.

Courtois, Crépin, Clain, Cointement, Courteville, Cattières chanoine régulier, Cholet, Chardon, Charpentier.

Defer, Duterque, Dupriet, Daras 1717. Marie Daras fut inhumée dans la nef de l'église de l'abbaye, l'église de la paroisse de Bucilly ayant été mise en interdit par l'évêque de Laon par suite de la visite de l'archidiacre vicaire général.

Foüan dont l'un des membres fut abbé de Bucilly. Charles Foüan était l'oncle de François Gamain. Faudier, Flamant.

Gouverneur, Gaudion, Genty, Garin.

Hargant, d'Hennezel prieur 1736.

Pécheux Adrien, marchand de bois et maire de Bucilly. Jean Dupuis, lieutenant du maire.

Santorier, chirurgien - opérateur, de Liège, mort le 25 février 1744, à l'âge de 57 ans chez Piéra, aubergiste à Bucilly où il se trouvait depuis six semaines. Il était l'époux de Jeanne Widet, fille de Widet, marchand à Vervins.

Les familles actuelles du Bucilly sont :

Bailliet, Barotteau, Blondeau, Boudereaux, Bourgeois, Brasseur, Brillier, Brouet, Brugnon, Brulé, Buissart. L'un des membres de cette famille, M. Buissart-Lefèvre, fut maire de Bucilly pendant ces dernières années, et, par son intelligente activité, fit de Bucilly une commune modèle.

Callay, Carlin, Charlet, Charlier, Chevaline, Coquizart, Crémont.

Damideau, David, Décamp, Defer, Demolon, Deparpe, Desson, Deveaux, Duchesnes, Dufour, Dupuy, Durand, Duterque.

Fagneux, Férez, Folant.

Galichet, Gattelet, Guérin.

Hébert, Heller, Hiblot, Houdin.

Jorand.

Lacroix, Lagasse, Lalout, Lamborion, Lamotte, Landais, Langlet, Lefèvre, Leporc, Lorriette.

Magny, Mathieu, Maus, Mennessier, Mennesson, Meurice, Michel, Muteau.

Noé.

Pagnard, Painvin, Pécheux, l'un des membres de cette famille, M. Constant Pécheux, fut l'un des plus actifs collaborateurs de M. Buissart ainsi que son frère. M. Jules Pécheux, actuellement conseiller d'arrondissement du canton d'Hirson et maire de Bucilly. Perdreaux, Picart, Piermé, Pierrot, Philipponet, Poulet.

Romagny.

Sagnier, Santambien, Sauvage, Sérouart, Simon.

Terrien, Thiébaut, Thiercel, Tisserant, Tourolle.

Waucher.

Les hommes remarquables de Bucilly

OUDIN (Remi-Casimir), prieur de la la paroisse de Bucilly, naquit à Mézières en 1635 Il fut l'une des personnalités qui caractérisent le mieux notre Thiérache à la fin du xviie siècle.

Oudin fit ses études au collège des Jésuites de Charleville, puis entra dans l'ordre des Prémontrés.

Il vint à l'abbaye de Bucilly, où il fit sa théologie. L'abbaye de Bucilly était alors un centre intellectuel.

Les religieux, possesseurs de nombreuses dîmes, recommençaient à y jouir d'une certaine aisance depuis la fin des guerres. Ils avaient une bibliothèque des mieux garnies,

De Bucilly, Oudin fut envoyé à l'abbaye de Mureau en 1669, comme professeur, il devint grand prieur de ce monastère, obtint la cure d'Epinay-sous-Gamache en 1675, puis rentra au couvent de Bucilly pour s'y livrer à l'étude.

Oudin aimait la maison où il avait passé ses premières années et y revenait parfois.

Il a été rapporté comment le père Oudin reçut le roi Louis XIV lors de son passage à Bucilly.

Oudin fut, semble-t-il, blessé de la froideur du roi, d'autant plus que les moines de Bucilly pour conserver le souvenir de cette royale visite en firent graver la date sur le marbre et placèrent dans leur église, sous une brillante image du soleil, l'inscription qui suit :

Gaudarum currens, sol viator hic stetit

Oudin quitta Bucilly peu après, Michel Colbert abbé de Prémontré, le chargea d'extraire des archives de l'ordre les pièces qui pouvaient servir à une histoire littéraire dont il s'occupait.

Au retour d'un voyage qu'il avait fait dans ce but, Oudin fut nommé en 1682, sous-prieur de l'abbaye de Cuissy, près Craonne, dans le Laonnois. Cuissy était une riche abbye de l'ordre de Prémontré.

Puis Oudin pour terminer ses études historiques, alla habiter Paris. Il entra en relations avec les bénédictins de Saint-Maur. Caractère indépendant, d'une intelligence supérieure il s'était lié, quoique prêtre catholique, avec le ministre protestant Jurieu qui occupait une chaire de théologie à Sedan.

Il fut bientôt renvoyé de Paris à Bucilly où il fut relégué aux très modestes fonctions de prieur de la paroisse, et de là, en 1684, envoyé dans l'abbaye de Besson près Beauvais où il fut traité avec une grande sévérité.

Il s'évada de ce couvent en 1690, passa en Hollande et abjura publiquement le catholicisme à Leyde et fut nommé sous-bibliothécaire de l'Université, place qu'il remplit jusqu'à sa mort. Il rendit compte des motifs de sa conversion dans un ouvrage publié en 1692 sous ce titre : *le Prémontré défroqué*, et il fit paraître encore quelques ouvrages importants sur les auteurs ecclésiastiques, entr'autres : *De scripto ribus Ecclesiæ antiquis*, Leipzig, 1722, 3 volumes in-folio. Ce fut son ouvrage capital. Il s'est attaché à corriger les erreurs et les omissions de Bellarmin, Ponevin, Labe, Cave, Dupin, etc. Cet ouvrage, malgré ses imperfections, est encore utile et recherché.

Oudin en Hollande put conserver d'excellentes relations avec Pierre Jurieu qui habitait Rotterdam où il mourut en 1713.

Oudin mourut à Leyde en 1717. Il avait acquis l'estime générale par son savoir et la pureté de ses mœurs. Il était très instruit et très laborieux.

PÉCHEUX (MARC LOUIS-NICOLAS), général français né à Bucilly le 28 janvier 1769).

En juillet 1792, l'insurrection grandissait dans le Midi. Les frères du roi faisaient en son nom à l'étranger un emprunt pour organiser l'armée des émigrés forte de 30 000 hommes ; 80 000 Prussiens étaient en marche sur le Rhin ; de nouveaux corps d'Autrichiens renforçaient l'armée qui nous avait fait éprouver nos premiers échecs.

Le 11 juillet, l'Assemblée nationale décréta que la patrie était en danger et elle prit les mesures les plus propres à la sauver. Son décret ne devait pas être soumis à la sanction royale

Des mesures furent prises pour mettre le nord du département de l'Aisne à l'abri d'un coup de main

Le dimanche 12 août, les officiers municipaux se rassemblèrent sur les places publiques, lurent l'acte qui déclarait la Patrie en danger et reçurent les engagements de ceux qui se dévouaient Marc Pécheux fut l'un des volontaires

Il partit pour l'armée du Nord dans laquelle il fut incorporé le 17 août comme capitaine de grenadiers dans le 4ᵉ bataillon de volontaires du département de l'Aisne qui devint plus tard la 17ᵉ demi-brigade. Peu après le 8 septembre, il fut nommé chef de bataillon.

Marc Pécheux était encore à l'armée du Nord en 1793. La pièce suivante se trouve dans les archives de Saint-Michel :

« Armée du Nord 1793. Bataillon du
» district de Vervins. Cachet : Bataillon
» du district de Vervins ; 2 feuilles de
» laurier surmontées d'un bonnet phry-
» gien avec devise, Liberté, Egalité ou la
» Mort.

» Nous, soussignés, Membres compo-
» sant le Conseil d'administration du 1ᵉʳ
» bataillon du district de Vervins, certi-
» fions à qui il appartiendra, que le ci-
» toyen Rousselle, capitaine des grena-
» diers dudit bataillon, ayant pour rési-

» dence Saint-Michel, attestons qu'il a été
» tué le 1er mai 1793 à l'attaque du dit
» jour par l'ennemi et qu'il est mort en
» brave soldat et en défenseur de la pa-
» trie.
» Au camp d'Anzin, le 20 mai 1793, l'an
» II de la République Française.
» Marc Pécheux, président ;
» Chevalier, secrétaire ;
» Loubry, commandant de grenadiers.»

Employé de 1793 à l'an VI à l'armée des Ardennes, de Sambre-et-Meuse et de l'Intérieur, il passa à celle d'Italie à laquelle il resta attaché de l'an VII à l'an IX, fait prisonnier de guerre à l'affaire de Mandovi le 22 brumaire an VIII, il rentra des prisons d'Autriche le 22 brumaire an IX.

Joubert, Moreau, Championnet, Brune, eurent plusieurs fois l'occasion de recommander au gouvernement la brillante conduite de cet officier supérieur, conduite qui lui mérita le 21 fructidor an VII le brevet de chef de brigade.

Après la campagne des ans X, XI et XII dans la Ligurie, aux armées Gallo-Batave et de Hanòvre, il reçut le 19 frimaire an XII la décoration de la Légion d'Honneur, et celle d'officier du même ordre, le 25 prairial suivant. Peu de temps après, l'empereur le nomma membre du collège électoral du département de l'Aisne.

Il avait pris le 11 fructidor an XI le commandement de la 95e demi-brigade à la tête de laquelle il se signala à Austerlitz Pendant cette mémorable bataille, il causa une grande perte à la cavalerie de l'armée russe qui ne put entamer ses carrés. Le colonel Pécheux déploya la même valeur et les mêmes talents en Prusse et en Pologne en 1806 et 1807 à Schleitz, à Iéna, à Halle, où il culbuta la réserve du prince de Wurtemberg, à la prise de Lubeck, au combat de Spandau et à la bataille de Friedland où son régiment faisait partie de la réserve.

Envoyé en Espagne en 1808, il se distingua dès le début de la campagne par la prise du plateau de Spinoza et ce brillant fait d'armes qui appartient entièrement au 95e régiment lui mérita le 24 novembre la croix de commandeur de la Légion d'Honneur et le titre de Baron de l'Empire.

On le retrouve encore à Tudela, à la prise de Madrid, à Vélès en janvier 1809, à Almaras le 18 mars suivant et à Médelin le 27 du même mois. Il concourut puissamment dans cette dernière affaire à la défaite des Espagnols et se fit remarquer aux brillantes journées de Tavalera, Cuenca et d'Ocana ; enfin les services qu'il rendit au siège de Cadix lui firent obtenir le 23 juin 1810 les épaulettes de général de brigade Peu de temps après il fut investi du commandement de la ville de Xérès qu'il ne quitta qu'à la fin de 1811 pour se rendre au siège de Tarifa.

Immédiatement après la reddition de cette place, le général en chef mit sous ses ordres les troupes de l'aile gauche avec mission de reprendre le siège de Cadix.

Pendant la retraite du duc de Dalmatie et la poursuite de Wellington, le maréchal lui offrit la direction de l'avant garde avec laquelle il mit en déroute devant Sarrenos l'arrière-garde ennemie.

Nommé général de division le 30 mai 1813, il fut mis à la disposition du maréchal Prince d'Eckmühl, commandant le 13e corps à Hambourg Le général Pécheux quitta cette ville pour se porter sur Magdebourg avec sa division forte de huit mille hommes dans le dessein de chasser les Prussiens des positions qu'ils occupaient aux environs de la place

Le général comte Walmoden, instruit de son projet par des lettres interceptées, dérobe aux Français le nombre de ses troupes et les attaque presque à l'improviste avec des forces supérieures.

Obligé de battre en retraite, Pécheux opéra ce mouvement rétrograde avec le plus grand ordre et en disputant pied à pied le terrain à l'ennemi ; il perdit dans cette retraite tous ses équipages et deux de ses aides-de-camp furent faits prisonniers.

Enfermé dans Magdebourg à la fin de 1813, il s'y maintint pendant toute la durée de la campagne suivante et rendit cette place lorsqu'il eut connaissance des événements politiques qui s'étaient accomplis en France. — Chevalier de St-Louis le 20 août 1814, il reçut le 31 août 1815 le commandement d'une division du 4ᵉ corps de l'armée du Nord et après le licenciement de l'armée impériale il fut mis en non-activité.

En 1818 le roi l'appela au commandement de la 12ᵉ division militaire. Inspecteur général d'infanterie en 1820, il fut désigné le 20 avril de cette année pour être employé dans la 16ᵉ division territoriale et le 4 novembre suivant, le ministre le chargea de la conversion des légions départementales en régiments.

Il était en disponibilité depuis le 1ᵉʳ janvier 1821, lorsque le duc de Bellune, ministre de la Guerre, lui confia, en 1823, le commandement de la 12ᵉ division du 5ᵉ corps de l'armée d'Espagne, sous les ordres du général Lauriston. Il reçut la décoration de Grand-Croix et le Cordon de l'ordre de St-Ferdinand d'Espagne.

Remis en disponibilité le 8 janvier 1824, il fut nommé Grand-Officier de la Légion d'Honneur le 23 mai 1825 et placé dans le cadre d'activité par ordonnance du 7 février.

Le général Péchoux a terminé sa belle et laborieuse carrière le 1ᵉʳ décembre 1831 emportant des regrets universels. Son nom, désormais inséparable des souvenirs de notre gloire militaire, figure sur le côté ouest de l'Arc-de Triomphe de l'Etoile.

Le général Péchoux, fut créé baron sous l'Empire. Ce titre honorifique parait avoir eu peu d'attrait pour lui. A part le temps qu'il passait à Paris à partir de 1824, il résida à Bucilly dans une modeste maison de campagne habitée aujourd'hui par M. Lefèvre-Sergent, ancien pharmacien à Hirson. Le général Péchoux ne fut pas marié. Il est enterré dans le cimetière de Bucilly où l'on remarque encore sa tombe.

STATISTIQUE INDUSTRIELLE, COMMERCIALE ET AGRICOLE
DE BUCILLY

La population de Bucilly était en 1760 de 412 habitants, en 1800 de 396, en 1818 de 377, en 1836 de 437, en 1856 de 446, en 1886 de 388. Elle est actuellement de 381 habitants. Sa culture était en 1760 de 14 charrues, 110 arpents de prés, 417 arpents de bois.

Les terres de Bucilly sont soumises à l'assolement ternaire. Il n'y a que très peu de jachères. Les terres, en général bien cultivées, produisent de bons blés, et les récoltes sont satisfaisantes.

L'engrais le plus employé est le fumier. On emploie aujourd'hui quelque peu les engrais chimiques.

Les principaux instruments aratoires dont on se sert sont : le *brabant* ou charrue double en fer à avant-train, la herse à dents de fer ou de bois, l'extirpateur, le rouleau, le semoir mécanique, la faucheuse, la moissonneuse, la ramasseuse ou rateau à cheval et la houe à cheval. Les instruments de transport sont la charrette, le chariot et le tombereau.

Les céréales cultivées sont : le blé, l'avoine, le seigle, les féverolles, la vesce.

Il y a une prairie naturelle traversée dans toute sa longueur par le Ton (rivière). Cette prairie, souvent inondée l'hiver, donne d'excellent foin. Dès que le foin est rentré, c'est-à-dire au commencement de juillet, on conduit toutes les vaches dans la prairie. Elles sont gardées par un pâtre communal à qui l'on donne 0 fr. 75 par mois et par vache ou cheval, un *pugnet* ou 18 litres de blé par an et par vache, et un *flan* à la fête patronale.

Il y a en outre beaucoup de prairies naturelles entourées d'une clôture, dans lesquelles on engraisse des vaches normandes et des bœufs. On y nourrit aussi une grande quantité de vaches à lait.

Il y a également sur le terroir beaucoup de prairies artificielles : luzerne, sainfoin, trèfle et minette. La récolte de ces prairies, fanées, sert de nourriture aux animaux domestiques durant l'hiver.

Autrefois la commune possédait beaucoup d'arbres fruitiers, mais le rigoureux hiver de 1879-80 en a détruit la plus grande partie.

Il reste peu de poiriers et encore moins de pommiers

La vigne n'est cultivée que très peu ; il y a dans chaque jardin potager quelques plants de vignes palissées contre les murs, afin d'avoir quelque dessert dans la saison des fruits.

On ne cultive la betterave que pour la nourriture des animaux domestiques. Quand la sucrerie d'Any-Martin-Rieux fonctionnait, quelques cultivateurs ensemençaient plus de terres en betteraves et les vendaient à cette sucrerie.

On plante à Bucilly beaucoup de pommes de terre devant servir à engraisser des porcs.

La commune possède de temps immémorial un terrain communal appelé les *Usages* d'une contenance de 50 hectares 77 ares.

C'était jadis une vaine pâture, mais aujourd'hui ce terrain est cultivé et affermé. La commune a seulement réservé une petite portion de ce terrain qu'elle donne en jouissance aux indigents de la commune à raison de 1 are par personne indigente.

Il y a à Bucilly 107 chevaux de tout âge, 2 ânes, un grand nombre de vaches, quelques chèvres et une très grande quantité de lapins et de poules. On y voit aussi quelques canards, et moins de dindons.

Les porcs y sont nombreux, mais surtout vers la fin de l'année, car chaque ouvrier comme chaque propriétaire en achète un dans le courant de l'été afin de l'engraisser pour le tuer en fin novembre ou aux mois de décembre et janvier.

Deux ou trois propriétaires s'occupent des abeilles, mais n'en possèdent que quatre ou cinq ruches chacun.

Les animaux nuisibles sont le rat, la souris, le loir, la fouine, le putois et quelques renards.

Les insectes sont les mêmes que dans les autres pays, si ce n'est qu'il y a beaucoup de hannetons ; en 1887, les enfants de l'école en ont détruit 48,000.

La chasse est libre. Il y a à Bucilly 8 chasseurs, ce qui fait 80 francs pour la commune.

La pêche est libre mais ne rapporte rien à la commune. Les poissons les plus communs sont : l'anguille et la truite saumonée qui est excellente.

Bucilly, outre la scierie, n'a comme usine qu'un grand moulin à cylindres pouvant produire annuellement 12,000 quintaux de farine. Ce moulin qui appartenait autrefois à l'abbaye a été habité depuis un temps immémorial par la famille Pécheux et il leur appartient depuis très longtemps.

Il n'y a à Bucilly aucune autre grande industrie ; on n'y rencontre que les métiers indispensables : boulanger, maréchal, charron, bourrelier, taillandier (dont la renommée s'étend au loin), modiste, blanchisseuse, maçon, menuisier, charpentier et cordonnier.

Tous les ouvriers du pays sont occupés et peuvent gagner leur vie, car les patrons ne sont pas trop durs envers eux.

Quelques manouvriers vont, l'hiver, travailler au bois d'Eparcy et se font quelques voitures de bois qui leur servira de chauffage l'hiver suivant.

Les habitants de Bucilly sont en général d'une moyenne taille, forts et vigoureux, assez sobres, aussi les octogénaires ne sont pas rares dans le village. Ils se nourrissent de ce qu'ils récoltent, aussi bien dans le règne végétal que dans le règne animal ; la boisson ordinaire est la bière et le cidre Peu de personnes boivent du vin aux repas ordinaires. Le café entre pour beaucoup dans l'alimentation.

Les habitants de Bucilly sont très affables ; ils ont les mœurs douces ; ils aiment beaucoup le jeu de boules, aussi il n'est pas rare, l'été, de voir une quarantaine d'hommes jouer aux boules chaque dimanche ; seulement, la nuit venue, il reste peu de monde dans les cabarets. L'hiver, le jeu favori est le jeu de cartes, piquet et écarté ; il y a souvent des réunions familières et amicales, et l'on passe les soirées au jeu de cartes.

Il est d'usage, le premier dimanche de Carême de faire un *feu de ioie* Ce sont les enfants qui ramassent, le jeudi précédent, la paille et le bois nécessaires, que les habitants leur donnent avec plaisir.

La fête patronale a lieu le premier dimanche de septembre ; elle dure trois jours ; une autre fête, qui dure deux jours a lieu six semaines après la première.

Les habitants de Bucilly parlent assez bien le français ; peu d'hommes ne savent pas lire et écrire. L'instruction y est en honneur et la municipalité ne néglige rien pour que l'école soit en rapport avec les désirs de l'administration.

Les habitants de Bucilly en général assez aisés, sont très charitables et les pauvres, peu nombreux n'ont qu'à se louer des largesses de ceux qui ont plus d'aisance.

La majeure partie des constructions de l'église de Bucilly datent du siècle dernier. Ce petit monument a de remarquable sa pittoresque situation, et surtout, à l'intérieur, une *Descente de Croix* de Jouvenet qui provient probablement de l'église de l'abbaye.

Jésus mort, détaché de la croix par un de ses bourreaux, est couché dans un blanc linceul. Ses disciples l'entourent ; l'un d'eux lui soutient la tête. Marie, la mère désolée, indique son fils, martyr de la fraternité. L'un des disciples, les mains jointes, est agenouillé aux pieds du mort si vivement aimé. L'aube blanchit le ciel bleu à l'horizon. Vers ce jour naissant, comme la doctrine enseignée par le crucifié, un des disciples lève la main pour confirmer l'enseignement de son maître divin, enseignement pour lequel il est aussi prêt à tout sacrifier.

Dans un coin du tableau trempe le linge sanglant qui a essuyé les plaies de l'exécuté.

On peut désirer qu'un tableau de cette valeur soit placé de façon être bien en vue et à ne pouvoir être détérioré.

L'abbaye de Bucilly, abandonnée en 1798, fut vendue ainsi que ses biens. Un autel en marbre gris, tâcheté de points rouges, fut relégué dans les décombres. Quelques années plus tard, il fut acheté *dix-sept sous* par la commune de La Neuville-aux-Joutes. Les volumes de la bibliothèque de l'abbaye furent dispersés de telle façon qu'il est rare d'en retrouver dans le pays.

Le *Cartulaire de l'abbaye de Bucilly* a été publié en 1873 par M. le comte de Barthélemy. Il a été imprimé une *Notice sur l'abbaye de Bucilly* par A. Piette. Il a été rédigé une très intéressante *Monographie de Bucilly* par M. Callay, instituteur en cette commune, qui a continué à développer grandement l'intelligence d'une jeunesse qui avait reçu de partout de bons enseignements La *Monographie de Bucilly* faite par M. Callay, et dans laquelle nous avons largement puisé, montre le dévouement qu'il ressent envers la population qui l'a chargé d'instruire ses enfants.

Nous remercions les dévoués administrateurs de cette commune, MM Buissart et Jules Pécheux, et bon nombre d'habitants, des bons renseignements qu'ils ont bien voulu nous procurer.

L'exploitation agricole de l'abbaye existe encore. Un bosquet a poussé sur les ruines du cloître et de l'église abbatiale. Un tronçon de colonne reste auprès d'un arbre, et l'entrée du caveau des abbés considérés comme des saints, en partie effondrée, est abritée par des massifs de coudriers et de charmes. La nature a remplacé les épitaphes latines si bien rédigées, par de la verdure et de l'ombre.

FIN

TABLE DES MATIÈRES

	PAGES
Hameaux et lieux dits	1 à 3
CHAPITRE Iᵉʳ. — Fondation d'une abbaye à Bucilly	4 à 7
CHAPITRE II. — Bucilly au xiiiᵉ siècle	7 à 15
CHAPITRE III. — Bucilly au xivᵉ et au xvᵉ siècles.	15 à 17
CHAPITRE IV. — Bucilly avant l'an 1800	17 à 23
CHAPITRE V. — Bucilly au xixᵉ siècle.	23 à 24
HISTOIRE DES FAMILLES DE BUCILLY	24 à 25
Les Hommes remarquables de Bucilly	25 à 28
STATISTIQUE INDUSTRIELLE, COMMERCIALE ET AGRICOLE DE BUCILLY	28 à 30

26169
[Lk7.28587

DESMASURES (Alfred).-Histoire du village de Bucilly...
- Hirson, impr. du nord de la Thiérache, 1892, 30p.
1986, Bibliothèque Nationale, Paris.

www.ingramcontent.com/pod-product-compliance
Lightning Source LLC
LaVergne TN
LVHW022212080426
835511LV00008B/1716